숲에서 만나는
울울창창 **독일 역사**

MORI TO YAMA TO KAWA DE TADORU DOITSUSHI
by Shunichi Ikegami

Copyright ⓒ 2015 by Shunichi Ikegami
First published 2015 by Iwanami Shoten, Publishers, Tokyo.
This Korean edition published 2018
by Dolbegae Publishers, Paju-si
by arrangement with the proprietor c/o Iwanami Shoten, Publishers, Tokyo
through Korea Copyright Center Inc., Seoul.

숲에서 만나는 울울창창 독일 역사

이케가미 슌이치 지음 | 김경원 옮김

2018년 10월 12일 초판 1쇄 발행

펴낸이 한철희 | **펴낸곳** 돌베개 | **등록** 1979년 8월 25일 제406-2003-000018호
주소 경기도 파주시 회동길 77-20 (문발동)
전화 (031) 955-5020 | **팩스** (031) 955-5050
홈페이지 www.dolbegae.co.kr | **전자우편** book@dolbegae.co.kr
블로그 imdol79.blog.me | **트위터** @dolbegae79 | **페이스북** /dolbegae

주간 김수한 | **책임편집** 우진영
표지 디자인 김동신 | **본문 디자인** 이은정·이연경
마케팅 심찬식·고운성·조원형 | **제작·관리** 윤국중·이수민 | **인쇄·제본** 상지사 P&B

ISBN 978-89-7199-909-7 (03920)

책값은 뒤표지에 있습니다.

이 도서의 국립중앙도서관 출판예정도서목록(CIP)은 서지정보유통지원시스템 홈페이지(http://seoji.nl.go.kr)와
국가자료공동목록시스템(http://www.nl.go.kr/kolisneb)에서 이용하실 수 있습니다.(CIP제어번호: CIP2018029060)

숲에서 만나는
울울창창 독일 역사

이케가미 슌이치 지음 ● 김경원 옮김

foréstis

돌베
개

차 례

들어가는 말 7

'독일' 하면 어떤 이미지가 떠오르나요? 독일 음식을 대표하는 소시지와 맥주가 생각나기도 하고, '음악의 나라' 또는 '환경 선진국'이라는 말도 떠오르겠지요. 최근에는 독일을 '축구 강호'라고 여기는 사람도 있을 것입니다.

독일이라는 나라를 떠올리면 나는 항상 '자연과의 깊은 연관성'을 생각하게 됩니다. 물론 지구상 어느 나라, 어느 지역에서든 인간은 자연 없이 살아갈 수 없습니다. 세계 여러 나라들은 그들의 아름다운 자연 경관을 널리 알리고 보호하지요. 그중에서도 특히 독일인들은 옛날부터 '삶의 바탕'을 이루는 자연과 부딪치면서 자연을 깊이 탐구하고 이해하기 위해 노력해 왔다고 생각합니다. 그들은 자연과 일체화하거나 깊이 교류함으로써 인간 존재나 문화의 이상을 형성해 왔습니다.

독일인들은 국경으로 묶인 '국민'보다 핏줄로 이어진 '민족'을 중시하고, 유동적이고 외면적인 '물질문명'보다 견고하고 내실 있는 '정신문화'를 존중해 왔습니다. 나아가 그들의 땅에는 이성과 합리주의에 근거한 계몽사상이 뿌리내리지 못한 대신 신비주의와 낭만주의, 유기적 세계관이 폭넓게 뻗어 나갔다는 점도 주목할 만합니다.

이러한 독일인의 사고와 관점은 그들의 실제 행동이나 태도에서 잘 드러납니다. 독일인들은 선조 게르만족 시대부터 숲이야말로 삶의 양식이 풍부한 곳, 생명력이 꽃피는 곳으로 여기고 수렵과 채집에 힘써 왔습니다. 오늘날에도 삼림욕이나 숲 산책은 독일인의 즐거운 일과입니다. 산도 마찬가지입니다. 근세부터 근대에 걸쳐 광산업이 독일 경제의 근간이 되었을 뿐 아니라, 다른 나라에서는 유래를 찾기 힘들 만큼 산이나 동굴에 얽힌 방대한 전설과 사상이 탄생했습니다. 강에 대해서도 물론 똑같이 말할 수 있습니다.

의료 분야에서도 독일인들은 치료를 통해 몸이 자연적 균형을 되찾는 것을 목표로 합니다. 중세에는 약초 연구, 근대에는 온천 치료 등 자연물 섭취와 접촉을 통한 치유법을 추구해 왔습니다. 현대 독일인이 친환경과 유기농을 좋아하고, 텃밭 가꾸기와 원자력발전 반대에 열심인 것도 옛날부터 자연 친화적으로 지내던 경향이 그대로 이어진 것이라고 할 수 있습니다.

독일과 자연의 깊은 연관성은 지리적 특성 때문이기도 합니다. 남서부에 위치한 슈바르츠발트(검은 숲)를 비롯해 국토 전체에 숲이 풍부하고, 남부와 중부를 중심으로 대지가 대부분 산으로 뒤덮여 있습니다. 그리고 라인강, 도나우강, 엘베강 등 대동맥과 같은 큰 강은 윤택한 생활의 기반을 마련해 줍니다.

물론 자연환경만이 국민성을 좌우하는 요소는 아닙니다. 고대와 중세 이후의 오랜 '역사' 또한 중요하게 작용합니다. 독일의 전신인 신성로마제국(10~19세기)은 프랑스, 영국(잉글랜드), 스페인과 달리, 자연스럽게 국경이 정해지지 않은 채 훨씬 후대까지 몇백에 이르는 영방領邦으로 분열되어 있었습니다. 16세기 종교개혁 이후에는 영방마다 '국교'를 지정하는 바람에 개인이 선택할 수 있는 안정적인 신앙은 없어져 버렸습니다. 신앙으로부터 초월적 정체성을 확인할 수 없었기 때문에 게르만적인 기원까지 거슬러 올라가는 '민족'을 동경하기에 이른 것입니다.

게르만 민족의 '피'를 이어받은 독일인들은 그리스·로마의 문물이나 기독교 및 거기에서 파생한 제도 같은 것이 아니라 그러한 전통을 초월한 게르만=독일의 '자연'에서 자신의 정체성을 찾으려고 했습니다.

이 책에서는 '자연'과의 연관성이라는 관점을 통해 독일과 독일인을 만든 '역사'를 조명해 보려고 합니다. 특히 중요한 요소는 숲과 대지(특히 산), 그리고 대지 위를 흐르거나 대지에서 솟아나는 물(특히 강), 이 세 가지입니다. 독일에서는 각 시대마다 정치, 사회, 경제, 문화, 종교가 자연환경과 밀접하게 관계를 맺으며 전개되었습니다. 이 책에서는 독일이 유럽 국가 가운데 유독 자연과 긴밀하게 얽혀 있음을 확인하는 동시에 근현대 독일인의 정신이나 생활태도를 특징짓는 밑바탕을 탐구해 보려고 합니다.

독일인과 자연의 심오한 관계는 역사 속에서 부정적으로 작용하기도 했습니다. 이를테면 자연주의에 심취한 나치스의 제3제국은 이를 인종주의와 결부해 유대인을 박해하고 학살한 소름끼치는 역사를 남겼습니다.

　장구한 역사로 다져진 고유의 특성을 잃어버리지 않으면서 자연과의 관계에서 긍정적인 영향력을 키우려면 어떻게 해야 할까요? 독일의 기원부터 현대까지 역사를 살펴봄으로써 그 답의 실마리를 찾아봅시다.

1장

숲의 민족 게르만

숲과 산과 강의 나라

우선 현재 독일(오스트리아와 스위스를 포함한 독일어권)의 지세와 풍토를 대강 살펴봅시다. 그것이 '자연'과 깊은 관련을 맺는 토대가 되니까요.

독일은 지질학적·기후학적 조건으로 볼 때, 울창한 숲이라는 축복을 받은 땅입니다. 이웃 나라 프랑스처럼 본래 초원이 주를 이루는 곳은 아닙니다. 널리 퍼져 있는 울창한 숲과 거기서 나고 자라는 다양한 식물군, 풍부한 수량을 자랑하는 거대한 하천들, 남부와 중부의 산악 지대와 거기에 잠들어 있는 풍부한 광물자원. 이러한 조건이 독일 농촌과 도시의 생활양식을 만들고 산업 발전을 뒷받침했으며 견고한 사고방식을 낳았습니다.

독일은 1990년 통일하면서 동서로 폭이 넓어지기는 했지만 남북으로 더 길게 뻗어 있는 편입니다. 일본이나 이탈리아처럼 좁고 긴 모양은 아니고, 세로가 좀 더 길고 울퉁불퉁한 직사각형처럼 보입니다. 따라서 독일의 기후와 풍토를 소개하려면 우선 '남북의 구분'이 중요합니다. 총 면적은 35만 7,000제곱킬로미터로 일본보다 약간 작습니다. 인구는 약 8,200만 명으로, 유럽에서는 이탈리아, 영국, 프랑스 등보다 많고 러시아의 뒤를 잇습니다. 북쪽은 북해 및 발트해, 남쪽은 알프스 산맥으로 경계가 나뉘어 있습니다.

　인류사의 최초 시기인 2만 년 전에 독일 북부는 빙하로 단단히 덮여 있었습니다. 건조한 모래 언덕과 점토질 토지가 많고, 일조량도 적고 한랭한 기후의 황야와 습원이 펼쳐져 있습니다. 당연히 전체적으로는 토지가 척박하지만 북해 연안의 늪과 못 지대는 사뭇 다릅니다. 건조한 모래땅에 이르는 곳까지는 땅이 기름진데, 특히 중부에 접한 지대는 비옥한 농토(농지)입니다. 또 저지대라서 호수와 늪도 많습니다.

　중부는 언덕 지대입니다. 석회석과 붉은색 사암이 많이 나고, 동쪽에는 1,000미터쯤 되는 높은 산악이 있습니다. 이 구릉지와 산악 지대가 독일을 북과 남으로 크게 갈라놓습니다. 서쪽에는 몇몇 산지와 산맥이 있고, 중앙에는 하르츠산지가 우뚝 솟아 있습니다. 동쪽에도 뢴과 에르츠 등 몇몇 산지와 산맥이 늘어서 있습니다. 중부 라인 계곡과 헤센 저지대는 자연이 만든 남북 교통의 중요한 길입니다.

　마지막으로 남부입니다. 해발 1,500미터 정도 되는 남부에는 서쪽 끝으로 뻗은 검은 숲인 슈바르츠발트를 필두로 삼림이 펼쳐져 있습니다. 주요한 암석은 사암과 석회암입니다. 가장 남쪽에는 남독일 알프스의 산기슭이 뻗어 있습니다. 그곳에는 슈바벤-바이에른 고원의 보덴호를 비롯해 커다란 호수가 몇 개나 있고, 언덕도 점점이 솟아 있습니다. 호수와 언덕의 대조가 빚어내는 풍경이 더없이 훌륭하지요. 장관을 펼치는 주역은 습원 지대와 광대한 퇴적평

- 겨울의 슈바르츠발트(바덴뷔르템베르크주)

야입니다. 야트막한 언덕이 늘어서 있는 이 지역은 풍요로운 토양을 자랑합니다. 뮌헨이 주도인 바이에른주는 바이에른 알프스를 끼고 있으며 해발 3,000미터에 이르는 산이 있습니다. 이들 산은 주로 편마암과 화강암 등으로 이루어져 있습니다.

독일에는 라인강, 도나우강, 엘베강, 마인강, 베저강, 오데르강, 슈프레강, 루르강, 잘레강, 모젤강 등 커다란 강이 가로세로 흐르고 있습니다. 강은 농업, 상업, 공업 등 산업 발전에 다양하게 공헌하는 동시에 독일인의 미의식과 자연애를 키워 왔습니다.

이렇게 독일에는 광대한 숲과 높고 낮은 산이 수없이 많고, 그 사이사이에 평야가 자리 잡고 있습니다. 또한 변화무쌍하게도 몇몇 커다란 강이 평야를 시침질하듯 흐르고 있습니다. 그야말로 방방곡곡 어디서든 아름다운 경관을 감상할 수 있습니다.

기후는 어떨까요? '온난'하다고 하기에는 매우 서늘한 편이고 겨울 추위는 꽤 매섭습니다. 대서양의 해양성 기후와 동부 유라시아의 대륙성 기후 사이에 끼인, 이른바 편서풍 기후입니다. 어느 도시에 가더라도 여름 최고 기온이 평균 20~21도입니다. 우기와 건기가 명확하게 나뉘지는 않고 일 년 내내 비가 내립니다. 물론 고산지대의 기후는 더욱 혹독하지요.

독일 민속학의 아버지로 불리던 역사학자이자 저널리스트 빌헬름 하인리히 폰 릴Wilhelm Heinrich von Riehl(1823~1897)은 독일의 지세, 하천 체계, 기후, 식생 유형을 분류하고 이러한 지리적 환경과 관습, 농업 방식, 사회생활, 신앙 형태 등을 결부해 독일인의 다양한 유형을 자연사적으로 그려 냈지요.

그렇게까지 결정론적인 영향은 아니더라도 문화나 사회, 나아가 역사의 토대로서 지리적 환경의 영향은 무시할 수 없다고 봅니다. 독일인에게는 독일인 나름대로 '자연'과 관계 맺는 방식이 있지요. 그것은 '역사'에 의해 규정되는 동시에 '역사'를 만드는 밑바탕이 됩니다.

게르만족의 등장과 로마제국의 퇴장

자, 이제 고대에서부터 중세 초기까지 독일의 역사를 더듬어 봅시다. 다만 19세기로 들어설 때까지 독일이라는 '국가'는 어디에도 없었기 때문에, 엄밀히 말하자면 '나중에 독일이 되는 땅의 역사'라고

해야겠지요.

독일인의 선조라고 하면 '게르만족'을 떠올릴 겁니다. 인도·유럽 어족에 속하는 게르만족은 지금의 북독일에 해당하는 지역에서 살다가 기원전 3세기부터 남쪽으로 내려오며 북게르만, 서게르만, 동게르만 등으로 나뉘었습니다. 깊은 숲속과 호수, 늪지대에 여러 무리를 지어 생활하며 항상 더 풍요로운 땅을 찾아 이동했습니다.

기원전 2세기 말 무렵부터 일부 부족이 갈리아(대개 현재의 프랑스에 해당)나 이베리아반도 등 로마제국의 영내까지 들어왔습니다. 이로써 두 민족의 관계는 냉랭해지기도 했는데, 그때까지 이렇다 할 분쟁은 일어나지 않았습니다. 제국 안에 정착한 게르만족은 로마 병사로 근무하거나 농사를 지으며 살았으니 어떤 면에서는 두 민족이 평화롭게 지내기도 한 것입니다.

그러나 게르만족과 로마인 사이의 대립과 갈등은 점차 심해졌습니다. 서기 9년에는 로마의 게르마니아 총독인 바루스Varus(BC46~AD9)가 게르만족을 진압하려다 토이토부르거발트(엠스강과 베저강 사이의 숲)에서 아르미니우스Arminius(BC18/17~AD21)*가 이끄는 게르만 연합군에게 도리어 전멸당하는 사건이 있었습니다.

로마는 게르만족의 침입을 막기 위해 리메스 게르마니쿠스Limes Germanicus를 건설했습니다. 이것은 도나우강과 라인강을 잇는 요새로, 통나무 울타리와 깊은 도랑, 토벽 등으로 방어선을 만든 것입

---

*   게르만 부족인 케루스키족(Cherusker)의 족장.

- 성 에우스타키오, 숲속에서 기적의 사슴과 만나다*

니다. 도미디아누스Domitianus 황제(재위 81~96) 때부터 본격적으로 건설을 시작했는데, 증축과 보수를 거듭하며 70여 년이 지나서야 완벽한 형태를 갖추었습니다.

로마는 오랫동안 게르만족의 대규모 침입을 막아 냈지만 3세기부터 정치적인 혼란이 심해졌고, 게르만 부족들은 유럽 북부에서 남쪽과 서쪽으로 이동하기 시작했습니다. 급기야 4세기 후반에는 이른바 '게르만족의 대이동'으로 대혼란에 빠지고 맙니다. 동쪽에서 훈족이 밀고 들어오자, 도나우강 북쪽에 살고 있던 게르만 일파인 고트족이 대대적으로 강을 건너 로마 영내로 남하한 것입니다.

로마제국은 395년에 황제 테오도시우스 1세Theodosius I(재위 379~395)가 죽은 뒤 동서로 분열했습니다. 410년에는 알라리크Alaric(재위 395~410)가 이끄는 서고트족이 이탈리아반도로 들어와 로마를 공격합니다. 라인 지방에 주둔하고 있던 로마 부대가 호출을 받고 돌아가는 바람에 공백 지대가 생기자, 라인강 중하류 동쪽 기슭에 살던 살리안 프랑크족이 들어왔습니다. 마치 당구공이 움직이듯 여러 부족이 연쇄적으로 우르르 이동한 것입니다.

'독일'로 시선을 돌리면, 프랑크족 말고도 튀링겐족, 작센족, 알라마니족, 바이에른족, 랑고바르드족 등이 훗날의 독일 국토에 찾아왔습니다. 로마제국은 점점 더 혼란해졌지요. 결국 로마 친위대

---

* 　독일 화가 알브레히트 뒤러가 그린 「성 에우스타키오」(Saint Eustace, 1501). 트라야누스 황제를 섬기던 로마 장군 플라시두스는 숲에서 사냥을 하다가 뿔 사이에 십자가 형상을 달고 있는 사슴(오른쪽 위)을 보고 기독교로 개종했고, 훗날 에우스타키오 성인이 되었다.

사령관 오도아케르Odoacer가 게르만 용병들의 지지를 받아 476년에 최후의 황제 로물루스 아우구스툴루스Romulus Augustulus(재위 475~476)를 폐위하고 서로마제국을 멸망시켜 버립니다.

프랑크왕국의 건국과 분열

이리하여 로마 시대가 막을 내리고 중세로 넘어가는 이행기가 시작되었습니다. 유럽 지역에 할거하던 게르만 민족들 가운데 독일과 프랑스 역사에 가장 중요한 사람들이 바로 프랑크왕국을 건설한 프랑크족입니다.

우선 5세기 말에 프랑크왕국의 첫 왕조인 메로빙거 왕조가 들어섭니다. 초대 왕인 클로비스 1세Clovis I(재위 481~511) 시대에 가톨릭교로 개종하고, 라인강에서 가론강*까지 판도를 넓혀 크게 성장했습니다. 그러나 왕이 죽자 왕국은 프랑크족의 관습에 따라 아들들에게 분할 상속되어 넷으로 갈라졌습니다. 526년에 동고트 왕 테오도리크Theoderich(재위 475~526)가 사망하고 나서 프랑크왕국은 지배 영역을 확장하기 위해 남쪽으로 방향을 돌려 부르군트왕국을 정복합니다. 또한 동고트왕국으로부터 프로방스도 획득함으로써 거의 갈리아 전역을 지배했습니다.

그 무렵 '독일'의 국토에는 작센족이 북부에, 알라마니족이 남부

---

*   스페인 피레네산맥에서부터 프랑스 남서부로 흐르는 강.

에, 튀링겐족이 중부에, 바이에른족이 동남부에, 프리젠족이 라인 하구와 저지대 지방에, 각각 부족 국가를 형성하고 있었습니다.

메로빙거 왕조는 그 뒤로도 분국 사이의 다툼, 귀족 세력의 대두 와 저항 등으로 좀처럼 안정된 통일국가를 세울 수 없었습니다. 이 윽고 마요르도무스majordomus**라는 직책을 맡아 실권을 강화하던 피핀 일가가 동분국(아우스트라시아)에서 패권을 차지합니다. 679년 무렵에 마요르도무스가 된 피핀 2세Pippin II를 이어 아들 카를 마르 텔Karl Martel이 명군으로 이름을 떨칩니다. 그리고 751년, 카를 마 르텔의 아들 피핀 3세Pippin III(단신왕, 재위 751~768)가 쿠데타를 일 으켜 메로빙거 왕조는 붕괴합니다.

피핀 3세가 막을 연 카롤링거 왕조는 피핀 3세의 아들 카를 대제 Karl der Große(샤를마뉴, 재위 768~814) 시대에 훌쩍 성장합니다. 카 를 대제를 중심으로 한 카롤링거 왕조는 교회와 손잡고 왕국을 운 영하고 통치했습니다. 몇 가지 정책은 카피툴라리아(칙령집)로 정리 했습니다. 이를 통해 사람들의 생활 전반에 속속들이 개입해 게르 만적 습속을 없애고 기독교가 스며들도록 했습니다. 또한 바이에 른, 작센 등 게르만 부족 국가들은 카를의 시대에 점차 프랑크왕국 으로 흡수되었습니다.

카를 대제의 아들 루트비히 1세Ludwig I(경건왕, 재위 814~840)이 죽자, 프랑크왕국은 843년 베르됭조약을 통해 셋으로 분할 상속됩

**   메로빙거 왕조의 최고 궁정직.

- 베르됭조약 이후의
프랑크왕국

니다. 맏아들 로타르 1세Lothar I(재위 840~855)는 822년에 이탈리아
왕이 되어 중부 프랑크 및 북부 이탈리아를, 둘째 루트비히 2세(독
일왕, 재위 843~876)는 게르만 지역인 동프랑크를, 카를 2세(대머리왕,
재위 843~877)는 서프랑크를 각각 통치했습니다. 그리고 870년, 로
타르 1세 사후에 루트비히 2세와 카를 2세가 메르센조약을 통해 로
트링겐(중부 프랑크) 지방을 동서로 나누어 가지면서 후대 독일의 판
도가 정해졌다고 볼 수 있습니다.

신성로마제국의 탄생

프랑크왕국은 종교적·문화적인 부분은 둘째 치고 정치적으로 아주
일시적인 '통일'을 이루었을 뿐이라서 이내 봉건적 분립이 두드러

졌습니다. 독일(농프랑크)만 보더라도 독일 선체를 아우르는 중앙집권 조직은 없어지고, 부족 시대의 그림자 같은 공국이 몇 개나 생겼습니다. 동쪽에서는 마자르족, 북쪽에서는 노르만족이 침입하여 도시와 교회를 약탈했습니다.

911년에 프랑켄 공 콘라트 1세Konrad I가 부족 제후와 사교들의 추대를 받아 동프랑크왕국의 왕이 되었습니다. 그다지 힘이 없었던 콘라트는 다른 부족인 작센의 하인리히에게 왕좌를 넘겨주도록 유언을 남기고 죽었습니다. 이로써 919년 작센 왕조가 시작되었지요. 하인리히 1세Heinrich I(재위 919~936)는 남쪽의 바이에른족을 물리치느라 애를 먹었습니다. 하지만 933년에 리아데Riade에서 마자르족을 격파하여 휴전 조약을 맺었고, 매년 공물을 바치는 대신 약탈을 멈추게 하는 데 성공했습니다. 그러는 사이에 나라의 방비 태세도 단단해졌습니다.

하인리히 1세의 아들 오토 1세Otto I(재위 936~973)는 오토 대제라고도 불리는 왕입니다. 그는 936년에 동프랑크 국왕으로 즉위했고, 955년에는 레히펠트에서 마자르족과 싸워 대승리를 거두었습니다. 이어 962년에 로마에서 교황 요하네스 12세로부터 '황제'의 관을 받고 신성로마제국을 책임지는 군주가 됩니다. 그러므로 오토 대제는 실로 1806년까지 이어지는 '로마제국' 제2의 부흥자이면서 실질적인 '신성로마제국'의 창시자(형식적으로는 카를 대제의 대관戴冠이 기원입니다.)라고 할 수 있을 것입니다. 로마 황제를 계승함과 동시에 기독교의 수호자가 되는 황제는 기독교 세계에서 유일무이한 존재입니다. 따라서 황제는 국왕보다 훨씬 강력한 권위를 갖고 있었습니다.

종종 반항적인 태도를 보이는 부족 세력을 견제하기 위해 오토 대제는 교회와 손을 잡고 사교들에게 세속적인 권한과 임무도 부여하며 그들을 우대했습니다. 성직자는 독신이라서 상속을 둘러싼 다툼을 피할 수 있다는 장점도 있었습니다. 읽고 쓸 줄 아는 성직자는 행정 능력이 우수했기 때문에 오토 대제는 그들을 전국적으로 국왕의 관료로 삼았습니다. 게다가 교회나 수도원을 황제의 재산이자 영지로 간주했습니다. 이러한 체제를 가리켜 '제국교회 정책'이라고 합니다.

프랑스나 잉글랜드와 달리 신성로마제국은 세습이 아니라 '선거'를 통해 황제를 임명하는 것이 원칙이었습니다. 이는 제국을 끊임없이 불안정하게 만드는 요소로 작용했지요. 다행히 작센 왕조는 4대까지 제대로 자손에게 제위를 물려줄 수 있었습니다. 그러나 4대째인 오토 3세에게는 아들이 없었고, 이에 초대 하인리히 1세의 증손인 바이에른 공이 1002년에 하인리히 2세(재위 1002~1024)로서 작센가의 대를 이었습니다. 그 후 남자 상속인의 세습은 더 이상 없었고 선거제로 바뀌었습니다. 귀족과 고위 성직자 들이 콘라트 2세(재위 1024~1039)를 독일 왕으로 선출함으로써 작센 왕조에서 잘리어Salier 왕조로 교체됩니다.

콘라트 2세는 제왕으로서 여러 민족의 군주라는 자부심이 있었지만, 지방 세력들의 반발을 샀습니다. 특히 그가 이탈리아 남부로

- 왕좌에 오른 오토 2세

진격했을 때에는 독일 제후들이 반란을 일으켰습니다. 그렇다고 독일로 돌아가면 이탈리아반도가 불안정해지겠지요. 중세 신성로마제국의 황제는 동방 정책과 더불어 이탈리아 정책도 펼쳐야 했기 때문에 독일 왕으로서 국내를 차분하게 안정시킬 수 없다는 고민을 안고 있었습니다.

이렇듯 작센 왕조 이후 로마'제국'의 '황제'는 독일 왕이 겸했습니다. 중세 말까지 교황의 권위와 황제의 권위는 타원의 두 초점이 되어 유럽 세계를 통합했던 것입니다.

성스러운 게르만 숲의 신화

독일에는 '제국'이라는 더할 나위 없는 권위를 갖는 정치적인 축 말고도 또 하나의 축이 있었습니다. 그것은 바로 '자연'입니다. 언제나 자연으로부터 정체성을 찾는 태도, 그리고 실제 자연과 맺는 농후하고 두터운 관계가 중세부터 근대까지 독일(인)을 특징짓고 있습니다.

독일(인)이 특히 깊은 관계를 맺고 있는 자연은 '숲'입니다. 게르만족은 자연을 숭배하는 다신교를 받들었습니다. 그리고 '발할라'Valhalla라는 천국에 신들이 있다고 믿었는데, 그곳은 명예롭게 죽은 병사와 영웅이 있는 곳이기도 했습니다. 게르만족은 교회 같은 고정된 제사 장소 없이 커다란 돌이나 샘, 굵고 큰 나무 등 자연물을 숭배 대상으로 삼았습니다.

프랑크족은 비교적 이른 시기에 기독교로 귀의했습니다. 특히 카롤링거 왕조의 카를 대제는 교회와 협력하여 왕국을 통치하려 했기 때문에 이교도로 남아 있던 민족들과 전쟁을 벌였습니다. 그는 완강하게 저항하던 작센족을 타도하고 세례를 받게 했습니다. 또한 카피툴라리아 안에서 이교적 관습을 공격했고, 교회 당국도 공의회나 주교구 회의를 반복적으로 열어 게르만의 옛 미신을 바로잡도록 명했습니다.

아일랜드나 브리튼제도에서 포교사들이 찾아와 게르만족을 개종시키는 움직임도 있었습니다. 당시 독일 땅에서 특히 활약한 인물이 '독일인의 사도'라 불리던 보니파티우스Bonifatius(675?~754)입니다. 잉글랜드에서 태어난 그는 독일의 여러 민족을 기독교로 개종시켰습니다.

'이런 식으로 이교도가 기독교도로 개종하고, 이교의 신전이 기독교의 교회가 되고, 예수의 가르침이 독일 전체로 퍼져 나갔구나…….' 이렇게 생각할지도 모르겠군요. 그러나 독일 땅에서는 '기독교의 교화'가 프랑스나 잉글랜드, 이탈리아에서보다 훨씬 뒤처진 것으로 보입니다. 이는 무엇보다 삼림이 유달리 광대하게 펼쳐진 독일에서 숲과 주민의 생활 및 성정이 떼려야 뗄 수 없는 관계를 맺고 있어서가 아닐까요? 더구나 '숲의 성정'은 이후 오랜 역사 속에서 일단 사라진 듯 보여도 근대에 들어와 '독일 민족' 이데올로기로서 되살아납니다.

시대를 거슬러 올라가 로마의 역사가 타키투스Tacitus(55?~117?)가 남긴 책에는 게르만족의 풍속과 관습이 담겨 있습니다. 그는 특히 게르만이 '숲의 민족'이라는 점을 강조하면서 이렇게 기술해 놓았습니다.

정해진 때에 계통이 같은(수에비족) 모든 부족의 대표자들은 사절을 파견해 고대로부터 조상들이 새점을 치며 경외해 온 신성한 숲에 모인다. 그리고 공공연히 사람을 죽여 희생물로 바치며 전율할 정도로 야만적인 제사의 프리모르디아 primordia(첫 의식)를 집행한다. 나아가 이 숲에서는 다른 신에 대한 숭배도 이루어진다. 누구나 할 것 없이 자신은 신보다 보잘것없는 존재로 여기고, 신의 힘을 인정한다는 뜻에서 사슬에 묶이지 않고는 이곳에 발을 들이지 못한다.(『게르마니아』Germania 중에서*)

물론 중세 독일의 주민은 수렵과 채집이 아니라 농사를 지으며 살아가는 농민이었습니다. 그러나 농민이라는 것과 고대적인 '숲의 성정'이 공존하는 것은 조금도 모순되지 않습니다. 중세 독일의 전사들에게도 숲은 야생의 힘이 발휘되는 신성한 장소였으며, 번개의 신 토르가 이끄는 군대가 사자死者의 신인 오딘의 군대와 나란히 왕래하는 공간이라고 생각했습니다. 국왕이나 기사들은 자신이 그들의 후예라고 믿고 싶어 했습니다.

독일 왕은 특히 성스럽고 거룩한 숲이 그들의 권위를 보증한다고 믿고 있었습니다. 그래서 주기적으로 숲으로 돌아가 그곳에서 **재생할** 필요가 있었습니다. 숲은 야수나 괴물이 숨어 있는 공포의 땅인 동시에 인간과 사회가 계속해서 재생하기 위한 모태이자 은혜의 땅이기도 했던 것입니다.

게르만족은 성스러운 숲을 받들어 예배를 드렸습니다. 물론 그

---

* 　인용 구절은 게르만 부족 중 하나인 수에비족, 그중에서도 엘베강 중류와 오데르강 사이에 살던 셈노네스족에 관한 내용이다.

땅에 있는 산꼭대기, 강물, 샘 등도 신들이 거하는 곳으로 여기고 숭배했지만, 무엇보다 숲을 중시했습니다. 게르만의 피를 이어받은 중세 독일인들은 숲이 일상생활을 영위하는 세속적 질서와는 다른 질서가 지배하는 신비한 공간이라고 여겼습니다.

신성한 보리수**

초기 중세(5~10세기)의 성담聖譚***에는 이교도가 신성하게 여기는 소나무, 떡갈나무, 보리수를 포교사가 목숨 걸고 벌채하는 이야기가 나옵니다. 아까 얘기한 보니파티우스는 생명의 위협을 무릅쓰면서 신성한 떡갈나무를 베어 쓰러뜨리고 작센족을 개종시켰습니다.

그렇지만 무시무시한 이교 신들은 벌채로 쓰러진 나무들 뒤에서 살아남았습니다. 겉으로는 신전이 교회가 되고 수목 숭배가 마리아 숭배나 성인 숭배로 바뀌어 갔지만, 형식적으로 기독교를 따르는 마음의 이면에는 이교적인 제의가 살아 있었던 것입니다. 더욱 **인간적**이 된 이교의 신들은 '소인', '거인', '요정' 같은 모습으로 생명을 이으며 무수하게 잔존했습니다.

『니벨룽겐의 노래』*Das Nibelungenlied*(13세기 초)라는 중세 독일의 유명한 영웅 서사시가 있습니다. 이 작품에는 죽느냐 사느냐 하는

** 　　일본과 우리나라에서 흔히 '보리수'로 번역하는 린덴바움(Lindenbaum)은 사실 유럽피나무라는 의견이 우세하다. 이 책에서는 원서 표기 및 관용적 인식을 고려해 보리수로 두었다.
*** 　　성자의 생애나 기적에 관한 이야기 또는 기독교 전설.

- 『니벨룽겐의 노래』 한 장면. 하겐이 창으로 지크프리트를 찔렀다.

결정적인 장면에 항상 숲이 나옵니다. 이를테면 게르만족의 영웅 지크프리트(지프리트) 암살 장면(위 그림 참조)도 그가 사냥을 나선 숲속에서 펼쳐집니다. 지크프리트는 샘물을 마시다 처남(왕)의 부하인 하겐의 창에 찔려 죽고 마는데, 그의 곁에는 푸르른 보리수가 우거져 있었다고 나옵니다.

숲속 나무들 중에서도 특히 보리수는 독일인에게 신성한 나무였던 것 같습니다. 게르만의 관습법을 보면 재판은 보리수 아래에서 열립니다. 노랫말에도 보리수는 독일을 상징하는 나무로 나옵니다. 중세에는 미네징거Minnesinger(독일 궁정의 서정시인)인 발터 폰 데어 포겔바이데Walther von der Vogelweide(1170?~1230?)의 「보리수 아래

- 사랑의 나무로 그려진 보리수

에서」라는 연애시가 있었고, 근대 작품으로는 슈베르트의 가곡 「보
리수」(1827)가 잘 알려져 있습니다. 보리수는 위엄 있고 아름다운
모습과 무성하게 우거진 잎, 꽃향기, 긴 수명으로 사랑받으며, 더욱
이 꽃을 찾아오는 꿀벌의 소리까지 사랑받습니다. 보리수의 아름다
운 특성 때문인지 중세에는 '사랑의 나무'로서 남녀가 밀회를 즐기
는 장소가 되었습니다.

독일에서는 전나무와 떡갈나무도 신성하게 여겼습니다. 마녀를
쫓아내고 재액을 막아 준다는 전나무 가지를 건물 입구에 걸어 놓
곤 했지요. 근대에는 전나무가 특별히 다양한 논의의 대상 또는 회
화의 소재로 등장했습니다. 번개의 신 토르의 상징이자 힘과 굳은

인내와 불멸의 상징인 떡갈나무는 시와 노래로 읊어졌고, 화폐나 문장紋章의 도안으로 빈번하게 쓰였습니다.

왕의 숲에서 영주의 숲으로

그러면 고대부터 중세에 걸쳐 독일의 숲이 어떤 모습이었는지 관찰해 봅시다. 고대 로마 시대에 숲은 경작하지 않은 땅, 즉 비문화의 땅이었습니다. 그래서 '문명'에 속하는 도시와 정반대로 '야만'의 성격을 지녔다며 숲을 멸시하는 경향이 있었습니다.

그 시절 광활한 숲은 모두의 것이었습니다. 그런데 제2차 포에니전쟁(BC218~BC201) 이후 목재 수요가 늘면서 숲이 경제적으로 중요하다는 사실을 알아차렸고, 이에 숲의 사유화가 진행되었습니다. 그리하여 로마 백성에게 속하는 공공의 숲과 황제의 사적 재산에 속하는 숲, 이 두 가지 숲에 대한 구별이 이루어졌습니다.

게르만족은 숲을 최초의 '주인 없는 땅'이라고 생각했습니다. 요컨대 '누구나 원하는 대로 숲의 은혜를 받을 수 있으며, 숲은 모두가 공유하는 공간'이라고 여겼습니다. 그런데 5~10세기 프랑크왕국 시대에 들어와 변화의 조짐이 보입니다. 당시 발급한 특허장이나 법전에 '왕실의 숲'을 뜻하는 포레스티스foréstis, 포레스타foresta라는 새로운 라틴어가 등장했습니다. 그때까지 실바silva나 네무스nĕmus라고 부르던 숲을 새로운 용어로 표현함으로써 왕이 독점적으로 소유하고 이용할 수 있는 공간으로 한정한 것입니다.

왕의 소유물이 된 숲은 얼마 지나지 않아 가신의 손에 맡겨집니다. 다시 말해 봉건적인 주종 관계 안에서 주군이 가신인 귀족이나 수도원에 자신이 소유한 숲을 하사했던 것이지요. 이 단계에 접어들면 숲은 점점 더 '사유화'되어 갑니다. 왕실 사냥터의 권한도 가신이 넘겨받습니다.

왕실 사냥터에 대한 권리 수여는 9세기 초부터 이루어져 10세기 후반에 정점을 찍고 1080년 무렵에 거의 사라졌습니다. 12세기에도 산발적으로 이루어지지만 전성기만큼 활발하지는 않았습니다. 귀족들은 왕에게 사냥터의 권리를 하사받고 나서야 숲속에 성이나 수도원을 지을 수 있었습니다. 그렇기 때문에 이는 중세 사회의 기초를 이루는 권한의 양도였습니다.

중세 중반기 이후 숲의 사유화가 이루어진 것은 의심할 바 없지만, '공공재'로 여겨지는 숲은 13세기에도 상당히 남아 있었습니다. 또한 비록 누군가에게 속한 숲이라고 해도 그곳에서 나무나 나뭇가지를 베어 가는 일은 오랫동안 허용되었습니다. 이렇듯 게르만족의 법질서 속에서 주민 모두의 공유재산이었던 숲은 사유 개념이 등장하고 나서도 줄곧 공공재로 남아 있었던 것입니다.

독일의 숲에서는 어떤 나무가 자라고 있었을까요? 현재는 건축 자재로 이용되는 침엽수(가문비나무)의 비중이 높지만, 중세의 독일 숲은 주로 유럽너도밤나무나 졸참나무 종류를 중심으로 느릅나무, 서어나무, 개암나무, 자작나무, 말오줌나무, 물푸레나무, 보리수로 이루어진 낙엽활엽수림이었습니다. 이 나무들은 건축 자재, 장작,

숯으로 쓰였고, 특히 진귀한 천연 꿀의 보고였습니다.

활엽수림에는 포유류(삵, 사슴, 멧돼지 등), 조류(부엉이, 딱따구리 등), 곤충(장수풍뎅이 등), 파충류(개구리 등) 같은 다양한 생물이 서식했습니다. 오늘날에는 멸종되거나 개체 수가 줄어든 동물도 적지 않은데, 풍요로운 숲의 본디 모습이 그립습니다.

숲이 선물한 햄과 소시지

숲은 가축을 방목하는 곳이기도 했습니다. 북서유럽, 특히 독일에서는 곡물 생산량이 적어 겨울에 가축을 먹일 사료가 부족했지요. 그래서 가을이 되면 봄에 낳은 새끼 돼지를 숲으로 데려가 너도밤나무, 떡갈나무, 물참나무의 열매, 즉 도토리를 배불리 먹였습니다. 그리고 도토리를 먹여 통통하게 살이 오른 돼지로 햄이나 소시지를 만들었습니다.

햄과 소시지는 그리스 로마 시대부터 있었습니다. 그것이 갈리아 지방으로 퍼져 나가 나중에 유럽 각지에 전해집니다. '슐라라펜란트'Schlaraffenland(노세 노세 천국, 사람들이 상상한 이상향)에 관한 중세 기록들을 보면 독일인이 햄과 소시지를 얼마나 사랑해 왔는지 알 수 있지요. 독일은 기후 조건이 좋지 않은 만큼 보존식품으로서 햄과 소시지가 중요했고, 오늘날에도 독일 요리의 기본 재료로 제 몫을 단단히 하고 있습니다.

오늘날 독일은 소시지의 본고장으로서 높은 품질과 다양한 종류

- 숲에서 도토리
를 먹여 돼지를 사
육했다.

를 자랑합니다. 소시지는 크게 다음과 같이 나뉘는데, 총 1,500종
류에 달한다고 합니다.

브뤼부르스트Brühwurst - 익히지 않은 고기를 창자에 넣고
물에 삶아서 만든 소시지
로부르스트Rohwurst - 익히지 않은 고기 그대로 만든 소시지

코호부르스트Kochwurst – 주로 간, 내장, 혀, 껍질 등을 익힌 다음에 창자에 넣어 만든 소시지

지방마다 각각 고유한 소시지가 있지만, 독일인은 그런 소시지 들을 구워 먹거나(브라트부르스트Bratwurst) 구운 다음 얇게 썰어 소스 를 얹어 먹는 것(커리뷔르스트Currywürst)을 가장 좋아하는 듯합니다.

6장에서 자세히 얘기하겠지만, 현대 독일인은 부엌을 더럽히지 않기 위해 저녁에는 불을 사용하지 않고 차가운 음식을 먹는 습관 이 있습니다. 이때 햄과 소시지는 빼놓을 수 없는 식재료입니다. 오 늘날 독일 요리의 대표 재료인 햄과 소시지는 중세부터 이어진 '숲 의 선물'이었다는 사실을 기억하면 좋겠습니다.

숲의 문화, 사냥

숲에 관한 군주의 독점권 중 최고는 수렵권입니다. 프랑크왕국 시 대부터 사료에는 숲이 특권적 사냥 장소로서 자주 나옵니다. 사냥 은 단순히 왕과 제후의 놀이가 아니라 군사 원정, 외교사절이나 귀 족들과의 총회 등과 나란히 왕에게 주어진 '의무'였습니다.

그것은 아마도 게르만의 왕으로서 지니고 있던 기억의 흔적이 아닐까요? 왕이 사냥을 하는 것은 그를 섬기는 백성에게 있어 숲의 평화를 지키고 백성과 토지를 보호하는 상징적인 행위였으니까요. 역사에서 군주의 뛰어난 사냥 능력을 자주 강조하는 것도 그 때문

- 막시밀리안 1세(Maximilian I)
의 곰 사냥

입니다. 카를 대제는 죽기 직전까지 사냥을 포기하지 않았다고 하지요. 사냥 실력이 곧 통치 능력을 가늠하는 잣대 역할을 했던 모양입니다.

이윽고 귀족도 수렵권을 부여받았습니다. 중세 중기 이후 사냥은 귀족의 으뜸가는 즐거움이었습니다. 게르만 전사의 혈통을 잇는다고 믿었던 귀족들에게 사냥은 명예로운 행위였습니다. 귀족의 사냥에는 자연 세계를 지배한다는 상징적인 의미도 있었지요. 한마디로 사냥은 준비부터 실행까지 몇 단계로 나누어 면밀하게 체계화해 놓은 의식이었습니다.

특히 사냥한 동물을 해체하는 일은 매우 중요한 의식이었고, 전사가 반드시 숙지해야 할 기술이었습니다. 사냥물은 해체 의식을

- 16세기 왕과 제후의 사냥

거쳐야 인간이 먹기에 합당한 고기가 될 수 있었고, 이로써 인간은 야생의 세계를 지배했다고 당당히 외칠 수 있었습니다. 그러나 중세 후반에는 의례적이고 상징적인 요소가 희박해지면서 사냥은 일종의 특권적인 '놀이'로 전락하는 경향을 띠었습니다.

왕과 귀족이 사냥을 즐긴 것은 중세부터 근대까지였지만, 사냥은 곧 귀족적인 활동이라는 사고는 지금도 남아 있습니다. 정치가나 유서 깊은 가문의 남성들은 오늘날에도 광활한 사유지와 국유지에서 사냥을 즐기고 있습니다. 옛 동독의 국가원수 중에는 국가 소유의 거대한 토지를 제 것처럼 자유롭게 이용하며 사냥을 즐기던 이도 있었다고 합니다. 이 숲의 나라에서는 사냥이 일반적인 오락이나 운동경기처럼 서민층에서도 인기를 얻어, 현재 약 35만 명이 수렵 면허를 가지고 있다고 합니다. 물론 사냥에 관한 법률도 엄격합니다.

독일에서는 매년 노루 100만 마리 이상, 멧돼지 50만 마리 내외, 산토끼 약 50만 마리, 꿩 약 35만 마리가 사냥으로 잡힌다고 합니다. 나아가 주택지, 시가지, 공원, 묘지 등을 제외한 전 국토(밭이나 방목지도 포함)가 사냥터라는 놀라운 규정도 있습니다. 사냥으로 잡은 동물의 고기를 뜻하는 지비에gibier는 식당의 주된 메뉴일 뿐 아니라 일반 가정집 식탁에도 자주 올라온다고 합니다. 과연 숲의 나라 독일이라 할 만하지요?

강을 타고 고대에서 중세로

이제 숲에 이어 강으로 눈길을 돌려 볼까요? 로마가 게르만족의 침입을 막기 위해 도나우강과 라인강이라는 큰 강을 잇는 요새를 지었다고 앞에서 말했습니다. 고대 말부터 자연적 경계인 강을 방어선으로 삼았다는 것을 알 수 있지요.

방어 말고도 강이 맡은 중요한 역할이 있습니다. 고대에서 중세로 넘어가는 시대 전환을 '상업'과 '경제'의 관점으로 한번 볼까요? 7세기에는 이슬람 세력이 팽창하면서 지중해 연안에서의 상업 활동이나 선박 운행이 거의 불가능해졌습니다. 그 때문에 농업을 중심으로 서구의 농업 사회와 봉건 세계가 성립해 간 것이라고 보기도 합니다. 그러나 최근에는 이러한 단순한 시각에서 벗어나, 초기 중세의 농촌도 가까운 지역과 활발하게 물자를 거래했고(즉 상업과 교역이 있었고) 기술 산업도 꽤 활발히 전개되었다고 보는 것이 일반적입니다.

기존에는 강을 중요한 군사적 경계선이자 군대의 수송로 또는 물자 보급로로써 활발하게 활용하면서도 교역로로는 충분히 활용하지 않았습니다. 그러나 초기 중세부터 상인들은 하천 교통, 특히 라인강이나 도나우강처럼 독일을 가로세로 흐르는 큰 강을 이용해 한층 활발하게 오가며 거래했습니다. 이로써 고대 세계에서 중세 세계로 넘어가는 획을 그었다는 사실이 매우 중요합니다.

로마인들이 지중해를 가리켜 '우리 바다'Mare nostrum라고 불렀

40

다는 사실로도 알 수 있듯, 어디까지나 남방과 지중해의 동서에 경제적인 관심을 기울이던 로마제국은 거대한 내해를 통제해 활발하게 교역했기 때문에 번영할 수 있었습니다.

　로마제국이 멸망했을 무렵에는, 아니, 이미 그전부터 바다를 종횡하는 항해자와 상인은 부쩍 줄어들었습니다. 그 대신 내륙의 큰 강을 배로 이동하면서 교역하는 상인의 수가 늘어났습니다. 거대한 강가에는 하천 교통의 혜택으로 하나씩 둘씩 도시가 발달해 갑니다. 내륙의 '자연'이 베풀어 준 '강'이라는 혜택이 독일의 중세를 떠받쳤다고 할 수 있겠습니다.

2장

산과 강을 따라가는 삶

그러면 중세 중기부터 후기에 걸친 독일의 역사를 살펴봅시다. 작센 왕조는 카를 대제의 '제국'을 다시 살려내어 왕조의 중심을 프랑스에서 독일 영역으로 싹 옮겼습니다. 그러나 이 왕조는 오래가지 못했습니다. 앞에서 얘기했듯 4대를 내려온 뒤 잘리어 왕조로 교체되었지요.

황제와 교황의 대립

잘리어 왕조 초기에 있었던 가장 큰 사건은 성직 서임권(성직자를 임명할 권리) 투쟁이었습니다. 독일 왕(황제)과 교청이 최초로 맞선 이 대립의 주역은 바로 하인리히 4세(재위 1056~1105)와 그레고리우스 7세Gregorius VII(재임 1073~1085)라는 두 거물입니다.

하인리히 4세의 아버지 하인리히 3세(재위 1028~1056)는 앞 왕조의 제국교회 정책을 계승해 수도원을 보호하는 동시에 로마 교황과 긴밀하게 손을 잡고 개혁 운동에 힘썼습니다. 그러나 교황권이 커지면서 교회는 세속 권력이 종교계에 개입하는 것을 꺼리기 시작했습니다. 그러던 중 아들 하인리히 4세 때 성직 서임권을 둘러싼 다툼이 일어났던 것입니다.

- 백작 마틸데 부인*에게 중재를 청하는 하인리히 4세

교황 그레고리우스에게 파문당한 하인리히 4세는 가신들이 주
군을 따라 전쟁터로 나가겠다는 충성 서약을 취소해 버리자 일단
뉘우치는 모습을 보였습니다. 그는 북이탈리아 바위산에 있는 카노
사 성 앞의 눈밭에 맨발로 서서 사흘 동안이나 교황에게 용서를 빌
었습니다. 이것이 1077년에 일어난 '카노사의 굴욕'이라는 유명한

---

* 　　마틸데 디 카노사(Matilde di Canossa, 1046~1115). 이탈리아 귀족으로 황제 그레고리우스 7세
의 강력한 지원군이었다.

사건입니다.

그 후 하인리히 4세는 반격에 나섰습니다. 독일로 돌아와 제후들의 반란을 평정하자마자 그레고리우스 7세를 공격했지요. 교황은 살레르노로 피신했습니다. 그러나 형세가 뒤바뀌어 아들들까지 황제에게 반기를 들었습니다. 하인리히 4세는 실의에 빠진 채 세상을 떠났습니다.

아들 하인리히 5세(재위 1099~1125)가 1111년에 황제의 자리에 올랐지만 서임권 투쟁은 타결을 보지 못했습니다. 1122년 드디어 교황 칼리스투스 2세Callistus II와 하인리히 5세는 보름스협약을 맺었습니다. "황제는 주교 임면권을 포기하는 대신 교황에 앞서 주교에게 왕홀로써 세속적 권한을 부여한다"는 타협안이 성립했습니다.

그런데 애당초 황제(독일 왕)가 어떻게 기독교회의 인사 문제에 개입할 수 있느냐 하는 의문이 들지 않나요? 실은 독일에서 국왕은 세속에 속하지 않는 신성한 인물로 여겨졌습니다. 황제는 기독교 세계의 최고 제사장이라고 스스로 인정했기 때문에 황제가 교회나 성직자를 지도하고 개혁에 힘쓰는 것은 당연하다고 생각했던 것입니다. 그것을 '세속 권력의 개입'이라고 따지고 들 것이라고는 예상치 못했습니다.

독일 왕이 신성로마제국의 황제를 겸하는 이런 경우에 황제의 신성함이 기독교의 가르침(성서)에 대한 해석에서 유래한다고 할 수 있지만, 다른 한편으로는 게르만적인 자연에서 비롯한 것이기도 했습니다. 이는 독일사를 이루는 권위와 권력에 항상 따라붙는 특수한 신성함입니다.

하인리히 5세는 서임권 투쟁을 계속하는 한편, 봉건 제후들의 세력 확장에 대항할 정책도 마련했습니다. 황제에 예속한 부자유민인(자유지에 거주하고 공적 제도에 참가하며 공동체를 구성하는 자유민과는 달리, 주거 선택, 결혼, 상속 등의 자유를 인정받지 못하고 부역과 공납의 의무를 지는) 미니스테리알레Ministeriale를 왕(황제)의 직할령에 두고, 그들에게 왕령 관리와 외교, 군 지휘 등 고급 직무를 맡긴다는 내용이었습니다. 이를 통해 왕이 직접 관할하는 영역을 넓히려는 작전이었으나 귀족들이 이를 반대하고 황제에게 창을 겨누었습니다. 결국 황제의 권력을 뒷받침하는 조직적인 제도는 완성되지 못했고, 성聖과 속俗의 제후는 각자의 영지에서만 확고한 지배력을 미쳤습니다. 이러한 역사는 현대 독일의 지방분권 정치로 이어졌습니다.

제왕의 자리를 선거로 결정하면서 황제의 권력은 약해졌습니다. 하인리히 5세의 죽음(1125)으로 잘리어 왕조가 단절되자, 선출권을 가진 주교와 제후는 주플린부르크Supplinburg가에 속한 작센 공 로타르 3세(재위 1125~1137)를 황제로 선출했습니다. 그는 임종을 맞는 침상에서 사위인 바이에른 및 작센 대공 하인리히 오만공Heinrich der Stolze을 후계자로 지명했습니다. 하지만 이 오만불손한 남자를 싫어한 제후들은 호엔슈타우펜Hohenstaufen가의 콘라트(콘라트 3세, 재위 1138~1152)를 황제 자리에 앉혔습니다. 이러한 사태를 통해 황제의 유언보다는 선제후*의 힘이 컸다는 것을 알 수 있습니다.

그러면 왜 혈연이 아니라 선거로 왕통을 정했을까요? 그것은 고대 게르만 시대부터 이어져 온 관습이었기 때문입니다. 원래 독일 왕국(제국)에서는 부왕이 제후들을 독려해 아들을 우선 공동 통치자로 선출하고 자기가 죽은 뒤에 아들이 왕위를 잇도록 하기 때문에 실질적으로는 세습제와 다를 바 없습니다. 그러나 선제후의 힘이 큰 까닭에 세습 왕위를 밀어붙일 수 없을 때도 있었습니다. 더욱이 '대공위大空位 시대'**가 이어지면서 혈통에 따른 권리를 행사할 차례는 오지 않고 순수한 선거제로 변해 갑니다.

물론 선거를 반복할 때마다 실질적인 왕권은 약해지고, 왕은 제후들의 손에 놀아나고 맙니다. 이것도 프랑스, 영국, 스페인과 달리 근대 독일이 강력한 통일국가를 수립하지 못한 이유 중 하나입니다.

콘라트 3세 사후에는 그의 조카 프리드리히가 제후들의 선택을 받아 황제의 자리에 오릅니다. 프리드리히 1세 바르바로사Frederick I Barbarossa(붉은 수염왕, 재위 1152~1190)는 이탈리아에서 여러 현안을 해결하자마자, 외가 쪽 사촌 형제인 하인리히 사자공*** 처리 등 독일 국내 문제를 해결하는 데 몰두했습니다. 그 후 프리드리히

---

*　　쿠르퓌르스트(Kurfürst). 13세기부터 신성로마제국에서 황제를 선출할 독점권을 가졌던 일곱 제후로, 봉건 제후 가운데 황제 다음으로 위계가 높다. 처음에는 왕권을 둘러싼 내전을 잠재우기 위해 성직자인 마인츠 대주교, 쾰른 대주교, 트리어 대주교와 라인 팔츠그라프(궁정의 사법, 군사, 행정 담당관) 등 라인강 유역의 네 선제후를 지정했고, 이후 작센 공작과 브란덴부르크 변경백, 보헤미안 국왕이 추가되었다.

**　　1254년 호엔슈타우펜 왕조가 단절되면서부터 1273년 합스부르크가의 루돌프 1세가 즉위할 때까지 황제가 제대로 추대되지 않고 여러 세력이 난립하면서 신성로마제국에는 명목상의 왕만 있을 뿐 실질적인 지배자가 존재하지 않았다.

***　　하인리히 오만공의 아들로, 프리드리히 1세의 이탈리아 정책에 협력해 바이에른 대공이 되었으나 이후 롬바르디아 공격에 협조하지 않아 영지를 몰수당하고 제국에서 추방되었다.

- 프리드리히 1세

1세는 제3차 십자군 원정에 참가해 기독교에 봉사하면서 인생을 마치려고 했지만 실리시아의 살레프(괴크수)강에서 익사하고 말았습니다.

프리드리히 1세에 이어 아들 하인리히 6세도 요절함으로써 독일은 혼란에 빠집니다. 그 뒤 벨펜Welfen가의 오토 4세와 하인리히 6세의 동생 필리프 폰 슈바벤Philipp von Schwaben이 제왕의 자리를 놓고 다툼을 벌였습니다. 1208년에 필리프가 암살당하자 교황 인노켄티우스 3세Innocentius III가 오토 4세를 견제하려 하인리히 6세의 아들 프리드리히를 옹립했습니다. 프리드리히 2세(재위

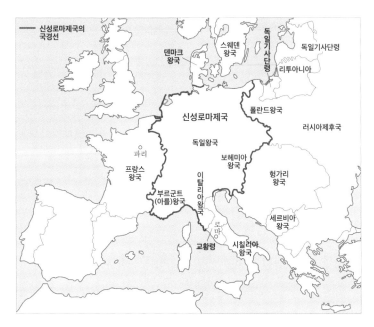

신성로마제국의
국경선

덴마크
왕국

스웨덴
왕국

독일기사단령

독일기사단령

리투아니아

신성로마제국

폴란드왕국

러시아제후국

파리

프랑스
왕국

독일왕국

보헤미아
왕국

헝가리
왕국

부르군트
(아를)왕국

이탈리아왕국

세르비아
왕국

로마

교황령

시칠리아
왕국

- 프리드리히 2세 시대의 유럽

1212~1250)는 오토 4세가 부빈 전투(1214)에서 프랑스 왕 필리프 2세에게 크게 패배한 것을 기회로 삼아 독일 서부의 아헨에서 황제의 관을 썼습니다.

　프리드리히 2세는 학식도 있고 파격을 즐기는 호탕한 인물이었습니다. 교황에게 도리어 칼날을 겨눈 그는 아들 하인리히 7세를 독일 왕에 앉히고, 자신은 시칠리아에 머무르면서 이탈리아를 지배했습니다.

군주 없는 시대

프리드리히 2세가 거의 독일에 오지 않는 동안, 관세 징수 청구권, 화폐 주조권, 축성권, 재판권 등 국왕의 특권을 손에 넣은 독일 제후들은 그들의 영방을 강력하게 지배하고, 도시 건설과 개간에도 힘을 쏟았습니다.

프리드리히 2세의 뒤를 이은 콘라트 4세가 1254년에 세상을 뜨자, 독일은 대공위 시대(1254~1273), 즉 군주 없는 시대를 맞이합니다. 황제가 지배하는 통일국가 이전의 '부족 시대'로 거슬러 올라가 옛 땅에 뿌리내렸던 관계들이 땅 위에 싹튼 듯한 모양새였습니다.

작센, 슈바벤, 로트링겐, 프랑켄, 바이에른 등 다섯 부족의 대공령大公領만 봐도 일찍이 민족 대이동으로 건너온 그들 부족의 근원을 알 수 있을 정도였습니다. 이는 독일이 카를 대제가 추구한 합리적인 제도 개혁이나 기독교화, 중앙집권—프랑스는 그 길을 착실하게 걸었습니다만—과는 거리가 먼 길로 나아가는 것을 상징하고 있습니다.

이리하여 란트Land(영방)는 '란트 안의 황제'인 영방 군주(란데스헤어Landesherr)가 지배했습니다. 이것은 현재 독일에서도 사법, 교육, 연간력年間曆 등 독립을 유지하는 란트(주州)의 커다란 권한과 연관되어 있습니다.

요컨대 신성로마제국은 10세기에 오토 1세 시대로 시작해 실로 19세기 초까지 이어지지만, 제국으로서 강력한 힘을 유지한 것

- 14세기의 독일

은 기껏해야 13세기까지였습니다. 13세기 후반부터는 형식적인 제
국 아래 영방이나 도시가 분립하는 일종의 연방제 국가였고, 이후
600년 남짓 동안 이 상태가 유지되었습니다.

대공위 시대는 1273년에 제후들이 합스부르크Habsburg가의 루
돌프를 왕위에 올리면서 막을 내립니다. 루돌프 1세Rudolf I(재위
1273~1291)는 합스부르크가 출신 첫 번째 왕(황제)입니다.

원래 합스부르크가 고유의 토지는 스위스 북서부 및 라인강 상
류였지만, 루돌프 1세가 왕위에 오르면서 오스트리아와 슈타이어
마르크까지 손에 넣었습니다. 그 후 합스부르크가는 왕위 계승을

둘러싸고 룩셈부르크Luxemburg가와 싸움을 벌였는데, 교황과 프랑스까지 얽혀 모양새가 복잡해졌습니다.

그 기나긴 싸움은 1346년에 보헤미아 왕의 아들, 룩셈부르크가의 카를이 황제로 선출됨으로써 일단락이 지어졌습니다. 카를 4세(재위 1346~1378)는 보헤미아 왕(카렐 1세)이라는 든든한 기반 위에서 제국을 견고하게 만들었습니다. 그는 1356년에 저 유명한 '금인칙서'金印勅書를 통해 영방 지배자의 지상권至上權을 인정했습니다. 선제후를 일곱 명으로 한정하고 특권을 공인했으며 선거 규정도 성문화했습니다. 카를이 다스리는 동안 독일 국정은 오랜만에 권위를 되찾았다고 할 것입니다.

하지만 룩셈부르크가의 통치는 오래가지 못했습니다. 카를의 아들 벤첼Wenzel(바츨라프 4세)과 지기스문트Sigismund 이후에는 지기스문트의 사위인 합스부르크가의 알브레히트 2세Albrecht II(재위 1438~1439)가 다시 왕위를 이었습니다.

그 후 오랫동안 제왕의 자리는 합스부르크가가 사실상 세습합니다. 알브레히트 2세가 통치 2년째에 사망하고 프리드리히 3세(재위 1440~1493)가 왕위에 올랐습니다. 그는 영토를 잃었을 뿐 아니라 정치나 종교 개혁에 오로지 무관심으로 일관했습니다.

중세 농민의 삶

중세 내내 독일 인구의 태반을 차지한 농민들의 삶을 살펴볼까요?

5~10세기 프랑크왕국 시대에 장원莊園은 영주 직영지와 농민 보유지로 분할되어 있었습니다. 비자유농민(농노)은 오로지 영주의 직영지를 소작해야 했고, 자유농민이라고 하더라도 일정 기간 직영지에서 부역해야 했을 뿐 아니라 해마다 공물을 바쳐야 했습니다. 처음에는 조방농업*이었기 때문에 수확량이 지극히 적었지만, 곧 농업 기술을 개량했습니다. 땅이 단단해도 쓸 수 있는 바퀴 달린 무거운 쟁기를 발명했고, 수차를 개량했으며, 토지를 이용하고 가축을 사육하는 방식을 개선했습니다.

인구가 급증하고 도시가 번영한 중세의 한창때(11~13세기)에는 화폐경제가 확산되면서 농업경제도 크게 성장했습니다. 농민들의 힘이 강해지면서 영주 직영지에 대한 부역은 대폭 줄고 대부분 화폐 지대로 바뀌었습니다. 이와 동시에 영주에게 내는 세금(조공)은 고정화되는 경향이 나타났습니다. 농민들의 촌락공동체는 자치권과 재판권을 어느 정도 손에 넣을 수 있었습니다.

경작지는 증가하고 경작 방법은 이포제에서 삼포제로 바뀌었습니다. 또한 밀, 보리, 호밀, 귀리 같은 곡류를 중심으로 콩류도 심는 등 기후 변화에 맞춰 작물을 다양화했습니다. 중세 후기부터는 맥주 양조를 위한 홉 재배가 활발해졌습니다. 과연 독일다운 모습이지요.

농업경제가 진보하고 곡물 수요가 늘어 가격이 상승한 것이 전

---

*　　자본이나 노동력보다 자연력에 의존해 농사를 짓는 원시적 농업 형태.

- 영주에게 공물을 바치는 농민

반적으로는 농민에게 유리하게 작용했지만, 여기에 잘 적응한 사람과 그렇지 못한 사람 사이에 커다란 격차가 벌어졌습니다. 특히 포도 재배지와 도시 근교 주민이 급속히 부를 축적하며 계층 분화가 두드러졌습니다.

후기 중세, 즉 14~15세기에 들어오면 농업 생산의 일시적 쇠퇴와 인구 감소, 그리고 농산물 가격 침체로 인해 농촌은 커다란 변화에 휘말리고 유령 마을이 증가합니다. 1347년부터 1350년까지 페스트(흑사병)가 발생해 유럽 전체에 퍼지면서 적어도 인구 3분의 1이 목숨을 잃었다고 합니다. 방방곡곡에 시체가 굴러다녔고, 가족조차 병자를 내버리고 줄행랑치는 광경을 여기저기에서 목도할 수 있었습니다.

'독일'을 넓힌 동방식민

농민도 숲이 베푸는 은혜를 흠뻑 입었습니다. 중세의 한창때, 즉 영주권에 대항하는 촌락공동체의 힘이 부쩍 세졌을 때, 농민들은 숲을 이용할 권리도 손에 넣었습니다. 또한 그들은 숲을 개척한 새로운 땅에 뿌리내림으로써 더욱 자유로운 신분과 특권을 얻었습니다. 그 중에서도 이른바 '동방식민'이라고 해서 엘베강과 잘레강 서쪽에 거주하던 농민들이 동쪽으로 이주해 대규모 개척촌을 형성했습니다.

엘베강 저편에서 새로운 대지를 개척했다는 사실은 일부 중세 농민의 생활을 바꾸었습니다. 나아가 이 땅이 장차 남쪽의 오스트리아와 나란히 독일 통일운동의 북쪽 중심부가 될 가능성을 열어놓았다는 점에서도 중요합니다.

애초에는 국경이 어디에 있는지, 어디부터 어디까지가 독일인지 불분명하고 경계가 끊임없이 들쑥날쑥 움직이기 일쑤여서 불안정하다는 점이 유럽의 여러 나라 가운데 독일 역사를 특징짓는 사태였습니다.

이것은 독일의 약점인 동시에 이점이기도 했습니다. 북쪽은 북해와 발트해가, 남쪽은 알프스산맥이 독일의 경계를 이룬다고 한다면, 동쪽과 서쪽은 어떠했을까요? 서쪽으로 진출하려고 하면 곧장 프랑스와 이해관계가 충돌합니다. 프랑스는 '자연적인 국경'이라고 주장하면서 라인강을 국경으로 삼으려는 희망을 수없이 품었지만, 라인강을 자기들 소유로 여기는 독일은 라인강 서쪽 지대도 독일 영토로 포함시키려고 했습니다. 나중에 프로이센·프랑스전쟁의 불씨가 되는 알자스와 로렌 문제는 이러한 갈등에 기원을 두고 있습니다.

그에 반해 동쪽은 이른바 미개척지였습니다. 독일 왕은 이탈리아 정책과 함께 동방 정책을 통해 왕권을 유지한 측면이 있습니다. 인구 증가로 새로운 토지가 필요해지면 유력한 제후에게 토지의 개발과 관리를 맡김으로써 불만을 전가한 것입니다.

엘베강은 원래 독일과 동쪽 미개척지를 가르는 경계였습니다. 9세기쯤까지 슬라브족이 살고 있던 미개척지에 10세기부터 독일인이 진출하기 시작했습니다. 우선 968년에 설치한 마그데부르크 대교구가 동방으로 진출하는 거점이 되었습니다. 11세기에 이르면 본격적인 식민이 시작됩니다. 산이 적고 저지대가 펼쳐져 있는 엘베강 유역은 토양이 메말라 농사를 짓기에 그다지 적합하지 않았습니다. 황무지를 경작하고 토지를 개량해서 농작물을 키워야 하기 때문에 자연, 대지와 한바탕 격투를 벌여야 했습니다. 식민 과정에서 슬라브족이 쫓겨나는 일도 있었습니다.

식민과 점령 절차는 주로 농민과 기술자, 상인 들이 담당했다고 합니다. 농민의 수가 특히 많았는데, 아무래도 영주제의 억압에서 벗어나고 싶어 동방의 신천지로 떠나온 이들이겠지요. 식민 청부인이 그들을 데리고 왔습니다. 기사의 차남 이하 자제와 넓은 영지를 얻을 수 없었던 기사들도 동방으로 진출했습니다. 그들은 토지를 차지하고 경작할 농민들을 끌어들이려 애썼습니다. 그리고 브란덴부르크 변경백의 영지가 엘베강과 오데르강 사이를 넘어 동방으로 '독일'을 넓혀 갔습니다.

수도원의 역할도 빼놓을 수 없습니다. 우선 시토회* 수도원이 진출하여 12세기 초부터 14세기 전반기에 걸쳐 거점을 마련하면서 개척과 개간을 추진했습니다. 더욱 중요한 것은 1190년에 뤼베크와 브레멘 시민들을 주축으로 십자군 부상병들의 구호를 위해 설립한 독일기사단입니다. 그들은 제4대 기사단장 헤르만 폰 살차 Hermann von Salza(1162~1239) 시대에 발트해 연안의 프로이센에 식민지를 개척했지요. 그들은 토착민인 라트비아인, 리투아니아인을 쫓아내고 광대한 영역을 지배했습니다.

독일기사단령은 브란덴부르크 변경백 영지보다 훨씬 동쪽에 있었습니다. 이 땅은 1525년까지 독일기사단의 지배를 받다가 종교개혁의 영향으로 기사단이 해체하고 세속화되자 프로이센 공령이 됩니다. 이후 브란덴부르크 변경백 영지(겸 선제후 영지)와 프로이센 공령이 합쳐져 프로이센왕국이 되고, 이로부터 1871년에 독일제국이 통일을 완수합니다.

동방식민의 주요 국면이 펼쳐진 기간(12세기 중반부터 14세기 말까지) 중에 독일의 거주 영역과 독일어 사용 지역은 3분의 1 이상 늘어났고, 인구수와 곡물 생산량도 증가했습니다. 이리하여 독일인은 엘베강 동쪽의 발트해 연안(프로이센, 포메라니아, 메클렌부르크, 브란덴부

---

* 1098년에 베네딕트회 몰렘 수도원장 로베르가 프랑스 동부의 황야 시토에 창설한 수도회.

르크)과 원래 프랑스인이 살고 있던 곳들, 그리고 오늘날의 체코, 슬로바키아, 발트 3국, 루마니아, 헝가리, 러시아 국경 부근까지 진출했습니다.

농민의 삶을 짓누르는 산성

독일 세속 사회의 지배층인 귀족은 성을 중심으로 농민을 지배하는 영주였습니다. 성은 지어진 장소에 따라 몇 종류로 나눌 수 있습니다. 우선 방어를 위해 지세가 험한 산에 세운 산성山城, 요컨대 성채는 산 위에서 사방을 다 내다볼 수 있도록 세운 성입니다. 다음은 더욱 넓은 영역을 지배하기 위해 평지에 쌓은 평성平城입니다. 일부러 흙을 쌓아 올리고 그 위에 지은 평산성平山城도 있습니다.

　독일어 권역에는 몇천 채나 되는 성이 지어졌는데, 이들 대부분이 강변을 따라 조금 높은 산 위에 있어 사방을 경계하고 감시했습니다. 성을 건축한 것은 대개 귀족이었습니다. 중세의 한창때부터 성은 토지와 주민을 지배하는 근거지가 되었습니다.

　잘레강변은 성들을 조밀하게 지어 놓은 곳으로 유명합니다. 60채가 넘는 성들이 강 연안에 늘어서 있습니다. 이렇게 성을 빽빽하게 지은 까닭은 잘레강이 오랫동안 '경계의 강'이었기 때문입니다. 10세기에는 잘레강 서쪽이 프랑크, 게르만족의 영역이었고, 동쪽이 슬라브인의 영역이었습니다.

　성을 짓는 것이 크게 유행한 시기가 두 번 있었습니다. 11세기

- 잘레강변의 고성(古城)

- 라인강과 고성

- 성 건축에 힘쓰는 사람들

중반부터 13세기에 걸쳐서는 고급 귀족, 공작이나 백작 신분이 성을 쌓는 데 열심이었고, 13세기 중반부터는 하급 귀족이나 미니스테리알레마저 성 쌓기에 나섰습니다. 숲속에 지은 성은 대체로 경작지의 출구 지점에 위치했습니다. 일반적으로 영주의 지배를 집중시키고 강화할 수 있는 장소였기 때문이지요.

  그러나 사실 영주는 그에 어울리는 특권을 갖지 못했습니다. 다시 말해 많은 영주들이 그때까지 권한을 갖지 못했거나 불명확한 권한밖에 갖고 있지 않은 곳에 일부러 성을 세웠습니다. 그러니까 성들은 비로소 지배 권력을 수립했다는 것을 보여 주는 가시적인 상징이었고, 당연히 경쟁하는 귀족들끼리 성 건축을 두고 다투기도 했지요. 이리하여 후기 중세에는 성이 관할 구역의 중심점이자 관리의 거처가 되는 한편, 가까이 있는 거주지와 마을은 주변 지역이 되었습니다. 성은 점점 더 지배와 관리의 중심을 차지하며 재판을 비롯한 엄숙한 법적 행위를 시행하고 대규모 집회를 여는 곳이 되었습니다.

성을 짓고 살려면 비용이 무척 많이 듭니다. 그러므로 성은 단순히 안전이나 방어를 위한 장치일 뿐 아니라 부와 권력을 과시하는 도구이기도 했습니다. 중세 후기가 되면 성과 성 주변 토지를 차례로 손에 넣어 지배 권력을 확대하고 가문의 세력을 강화하려는 풍조가 널리 퍼집니다. 이를테면 룩셈부르크가는 13세기 말에 성을 100채 가까이 소유했다고 합니다.

그러나 지배를 받는 농민들이 보기에 영주의 성은 자신들을 짓누르는 지배의 상징이 아니었을까요? 실제 성 안의 생활은 초라한 경우가 적지 않다고 해도, 공간적으로 영주와 격리되어 천대받으며 사는 동안 사회적인 격차를 절실하게 느꼈을 테니까요.

특히 영주가 위양받은 권한인 반Bann*에 축성築城과 관련한 부역 의무가 포함되어 있었기 때문에 영지의 주민은 신분을 불문하고 성의 건축과 유지, 식량 공급, 감시를 위해 동원되었습니다. 이러한 대규모 부역 동원이 계속될수록 생활은 피폐해지고 생업을 이어 가

---

* 　중세 봉건사회의 공적 권력, 특히 국왕이 가진 명령 강제권.

기가 힘들어졌습니다.

강을 따라 들어선 도시들

독일에서는 성뿐만 아니라 번영한 도시도 거의 다 하천 연안에 있거나 강을 끼고 있습니다. 강가에 도시를 세운 까닭은 부와 권력을 과시하려는 뜻이 아니라 교통이 편리하고 상업 활동에 유리했기 때문입니다. 상인들이 물건을 멀리까지 운반하려면 반드시 강을 이용해야 합니다. 숲속을 흐르는 강은 목재를 실어 나르기에 안성맞춤인 운송로였습니다. 또한 운반 도구가 덜 발달한 중세에는 곡물과 건축 자재같이 무거운 것을 운송하는 데 육로보다 강이 훨씬 값싸고 편리했습니다.

라인강변에는 쾰른, 본, 마인츠, 보름스, 슈파이어, 슈트라스부르크(현재는 스트라스부르) 등 커다란 도시가 있고, 도나우강변에는 울름, 레겐스부르크, 파사우 등의 도시가 있습니다. 바이에른의 대도시 뮌헨의 경우, 1157년에 하인리히 사자공이 이자르강변의 무니헨Munichen*에 다리를 놓고 관세를 거두었으며 화폐를 만들고 시장을 열어 발전의 기틀을 닦았습니다.

이렇듯 독일의 도시는 하천 교통과 더불어 발전해 갔습니다. 여기에서 잠깐 중세 도시의 역할에 대해 간단하게 살펴봅시다.

---

* 　고대 혹은 중세 독일어로 '수도사들의 공간'이라는 뜻. 뮌헨(München)이라는 도시명이 여기서 유래했다.

- 라인강변의 슈파이어 대성당

  독일의 도시는 작센 왕조(919~1024)와 잘리어 왕조(1024~1125)
시대에 생겨나기 시작했습니다. 로마 시대부터 이어진 도시도 있었
지만 대다수는 새롭게 조성한 도시입니다. 먼 곳으로 다니는 상인
들이 정착하여 도시가 형성되면, 상인법을 근간으로 도시의 법률을
제정했습니다. 이로써 이들 도시는 법적으로 독자적인 지위를 얻었
습니다.

  12~13세기에 대도시는 상업과 산업의 중심지가 되었습니다.
도시는 영주 대관代官이 관리하는 도시와 영주에게서 자치권을 획
득한 자치도시로 나뉘었는데, 도시 안에서는 상공업자 조합인 길드
가 영업 형태, 상품 가격, 제조 규정, 품질 관리 등을 규정했습니다.
길드는 최고 기술자인 장인Meister 아래 직인Geselle, 도제Lehrling로

구성되어 있었고, 직인은 몇 년 동안 수련을 쌓고 나서 시험을 통과해야 장인이 될 수 있었습니다.

이렇게 상공업자 계층이 도시의 형성과 발전을 주도하는 가운데, 도시 영주를 섬기는 미니스테리알레 계층이 세력을 키워 도시의 지도층으로 나서기도 했습니다. 그들은 본래 군 지휘관, 징세인, 화폐 주조 청부인, 장원 관리직 등을 맡고 있었는데, 도시에서는 지도적 관리로 변모한 것입니다. 중세 도시의 전성기인 14~15세기에는 독일만 하더라도 3,000여 개 도시가 있었다고 합니다.

상업과 수공업이 번성한 도시는 전체적으로 보면 부유해졌지만, 대개는 도시 귀족층에 속한 일부 가문이 정치적 실권을 쥐고 있었습니다. 중세 말에는 일부 귀족 문벌에 대한 반발이 강해지고 부유해진 대상인들과 가난한 수공 기술자들의 대립이 거세졌습니다. 따라서 소요가 일어나거나 제도 개혁이 이루어지기도 했습니다.

또한 중세 도시에서는 계급과 직업으로 차별받는 경우가 많았습니다. 사형 집행인, 동물 박피공, 거지, 방랑 악사, 때밀이, 이발사, 매춘부 등은 '불명예스러운 사람들'로 취급받아 사회에서 배제당하거나 엄하게 단속을 당했습니다.

바다를 둘러싼 한자 도시

독일의 주요 도시가 내륙의 강가에만 있는 것은 아닙니다. 실은 북쪽 바닷가에도 아주 중요한 도시들이 있었습니다. 한자동맹에 가담한 한자 도시들입니다.

한자동맹은 북해, 발트해 도시들이 상업적 특권을 확보하기 위해 만든 연합체였습니다. 상인 조합일 뿐 아니라 군사 단체이기도 했고 정치적인 힘도 갖고 있었습니다. 뤼베크, 함부르크 같은 북독일 도시를 중심으로 벨기에로부터 에스토니아에 이르기까지, 전성기에 한자동맹에 가입한 도시는 160개에 달했습니다. 12세기에 한자동맹은 상인 조합이라기보다는 도시 동맹이 되었고, 1370년에는 덴마크 왕으로부터 발트해를 항해할 자유를 보장받았습니다.

상호 관계망을 형성한 한자 도시들은 서쪽으로는 잉글랜드와 플랑드르까지, 북쪽으로는 스칸디나비아반도의 국가들까지, 동쪽으로는 북서 러시아까지 폭넓게 활동했습니다. 대형 코그선Kogge에 곡물, 목재, 모직물, 모피, 구리, 생선, 소금, 버터, 맥주, 밀랍 등을 실어 이들 지역으로 운송했습니다. 17세기까지 이어진 한자동맹은 14~15세기에 전성기를 누렸지만, 그 후 네덜란드가 발트해로 진출하면서 쇠퇴합니다.

한자동맹은 바다를 둘러싼 북방 상업권을 지배했는데, 한자 도시가 활약할 수 있었던 것도 하천과 꽤 관계가 깊습니다. 북해로는 엘베강과 베저강이 흘러들고 발트해로는 오데르강이 흘러드는 등 강들의 몇몇 지류가 멀리 또는 가까이 서로 섞여 들었기 때문입니다. 또한 강과 강을 잇는 운하를 통해 원격지 무역이 내륙의 유통과 결합할 수 있었고 각지의 시장에서 상품을 거래할 수 있었습니다. 운하는 14세기 말부터 활발하게 지어졌습니다.

- 한자 도시
함부르크의
항구 풍경

　16세기에는 브란덴부르크 변경 지역을 중심으로 영토를 확대한
호엔촐레른Hohenzollern가가 드디어 프로이센까지 상속받습니다.
17세기에 들어오면 호엔촐레른가는 북독일 일대로 진출해 더욱 영
역을 확장했고, 17세기 후반 이후부터는 영토 확장과 아울러 하천
과 운하 교통도 체계적으로 정비했습니다. 이것이 한자 도시에 폭
넓은 판로를 제공했습니다.

장벽에서 접점이 된 알프스 고갯길

중세 독일에서 강이 교통로와 통상로로서 얼마나 압도적으로 중요했는지 설명했는데, 육로도 물론 있었습니다. 다만 일부 도로를 제외하고는 대부분 포장도 안 된 나쁜 길이었고, 숲을 통과하려면 길을 헤매거나 도적의 습격을 받을 염려도 있었기 때문에 안전한 길을 찾기가 쉽지 않았습니다. 육로를 걷는 것은 상인이나 사절, 또는 먼 곳의 성지를 찾아가는 순례자들이었지요. 모험 기사*나 귀족들은 말을 타고 다녔습니다.

독일에는 특별한 육로가 있습니다. 그것은 독일과 이탈리아를 잇는 길, 즉 알프스를 넘는 길(고갯길)입니다. 말할 필요도 없이 알프스는 유럽의 남과 북을 가르는 대산맥입니다. 로마 시대와 중세에는 '알프스 이쪽'과 '알프스 저쪽'이라는 말로 이탈리아 반도와 대륙을 가를 만큼 이 길은 문명의 갈림길이기도 했습니다. 지금은 프랑스, 스위스, 오스트리아에 속해 있지만 독일과 관련된 역사가 깁니다.

신성로마제국의 황제에게 이 고갯길은 아주 특별했습니다. 왜냐하면 대관식을 치르기 위해, 또 이탈리아가 제국의 영토라는 것을 확인하기 위해 주기적으로 알프스를 넘어 이탈리아를 방문할 의무가 있었기 때문입니다. 황제(왕)와 군대는 수많은 알프스 고개 중에

---

* 　중세 모험소설이 인기를 누리면서 소설을 따라 모험을 즐기던 기사들.

서도 브렌네르 고개를 가장 자주 이용했습니다.

962년 오토 1세의 황제 대관 이래 이탈리아와 정치적 관계가 긴밀해지고 교류가 빈번해졌습니다. 그러면서 알프스는 이탈리아와 북방 세계를 단절하는 장벽이 아니라 교황과 황제, 기독교 세계 전체를 이어 주는 중요한 접점이 되었습니다.

카롤링거 왕조 때부터 알프스를 편안하게 넘기 위해 일부 고개에 숙박 시설을 지었습니다. 11~13세기에 교통이 빈번해지면서 대다수 고갯길에 숙박처가 생겼고, 쾌적한 여관도 등장했습니다.

비슷한 시기에 몇몇 알프스 길가에 위치한 장원의 농민은 의무적으로 말을 끌어야 했습니다. 13~14세기부터는 농민을 대신해 전문적인 마부와 운송업자의 조합이 각지에 들어섰습니다. 그들은 정해진 여정에 따라 품삯을 받고 상품이나 짐을 실어 날랐습니다. 14~16세기까지 탈것이 다닐 수 있는 브렌네르 고개를 제외하고는 어떤 고갯길을 넘더라도 노새나 짐말을 타야 했습니다.

고갯길 가까이에 강이나 호수가 있을 때는 운반 작업이 훨씬 용이했습니다. 알프스는 겨울에도 여름 못지않게 왕래가 잦았는데, 그것은 썰매나 짐말 덕분이었지요. 고갯길에 따라 차이는 있지만 운송 기간이 한 달 가까이 걸리기도 했습니다. 알프스를 넘어 값비싼 옷감, 향신료, 무기 등을 이탈리아에서 실어 오기도 하고, 반대로 노예와 금속류를 이탈리아로 실어 나르기도 했습니다.

그러나 알프스의 '의미'가 장벽이자 통로에만 그치는 것은 아니었습니다. 거대한 산맥이 동서로 병풍처럼 막아서고 있기 때문에 그곳에서는 언제나 높은 산을 올려다볼 수 있었지요. 근대로 들어오면 산은 넘어야 할 대상이 아니라 오르는 대상이 되었고 그 자체로 숭고한 존재가 됩니다.

알프스의 나라라고 하면 단연 '스위스'겠지요. 알프스 산의 농민과 목축민은 지배지의 억압이 강해지면 단단한 결속을 보여 주기 위해 반항에 나섰습니다. 보헤미아 왕 오타카르 2세Otakar II(재위 1253~1278)를 이기고 황제가 된 합스부르크가의 황제 루돌프 1세가 사망한 뒤, 우리, 슈비츠, 운터발덴이라는 세 주의 농민들은 몇 차례나 반란군을 조직해 합스부르크 왕가의 군대와 교전을 벌여 실질적인 독립을 달성해 갑니다.

다시 말해 1315년에 모르가르텐 전투에서 합스부르크가에 승리를 거둔 위의 세 주는 이듬해 황제 루트비히 4세로부터 '제국 자유'의 특허장을 수여받았습니다. 스위스는 1353년에 동맹 주가 증가해 8주 동맹을, 1513년에는 13주 동맹을 결성하고, 1648년 베스트팔렌조약으로 국제적인 승인을 받았습니다. 나아가 1815년 빈회의에서 영세중립국으로 인정받았습니다.

독일 숲의 화신들

중세 독일인이 자연, 특히 숲과 얼마나 깊은 관계를 맺었는지를 보여 주는 흥미로운 존재가 있습니다. 바로 유럽 중세인의 상상 속 산물인 빌데 만Wilde Mann(야인)입니다. 빌데 만은 난폭한 주제에 소

- 빌데 만

심해서 사람 눈을 피해 산속이나 숲속, 특히 동굴에 살고 있다고 합니다. 언제나 긴 막대기를 손에 쥐고 원시적인 수렵 채집으로 살아가지요. 털북숭이 몸에 네 발로 기어 다니는 그들은 인간의 언어를 구사하지 못하고 드르륵드르륵 소리를 낼 뿐입니다. 이성이 없어 인간으로 여기지는 않는 듯합니다.

빌데 만은 '숲의 화신'이라고 할 수 있습니다. 소인처럼 작기도 하고, 거인이나 괴물에 비유할 때도 있습니다. 선량하고 친절한 빌데 만이 있는가 하면, 악랄하고 소름끼치는 빌데 만도 있습니다. 남자뿐 아니라 부부 빌데 만도 있고 어린애가 있는 가족 빌데 만도 있습니다.

빌데 만은 유럽의 다른 나라에서도 문학이나 미술 작품에 등장합니다. 독일에서는 특히 민속적인 세계에서 낯익은 존재였지요. 가축을 돌보거나 치즈 만드는 일을 도와줄 때도 있는데, 만약 빌데 만의 조인을 듣지 않으면 곤경에 처한다고 생각했습니다. 빌데 만은 연극, 춤, 퍼레이드의 주역이었으며 사육제나 봄 축제 때는 빌데 만 분장을 한 사람들이 마을에 출몰했습니다.

빌데 만은 소인, 코볼트Kobold(집 요정) 및 다양한 요정들과 친합니다. 독일인은 숲을 생각하는 마음이 특별했기 때문에 빌데 만은 근대에 이르기까지 줄곧 친근한 존재로 살아남았고 전설과 동화 속에 계속 등장해 왔습니다.

또한 독일에서는 중세 이래 현대까지 주로 얼굴 윤곽과 구레나룻, 턱수염 등이 잎사귀로 이루어진 '그뤼너 만'Grüner Mann(초록 인간)*이 축제 가장행렬에 등장합니다. 그뤼너 만은 옛날 책의 삽화, 일반 가정집의 문과 장롱 등에 새겨진 모습으로도 매우 흔하게 볼 수 있습니다. 그뤼너 만도 야인의 일종입니다. 교회 안에도 그뤼너 만의 얼굴을 새긴 조각이 있지요. 프라이부르크, 트리어, 밤베르크, 마르부르크, 스트라스부르 등지에 있는 교회에서 그들의 모습을 볼 수 있습니다.

---

*   사실상 빌데 만과의 구별이 모호하다.

초록의 힘을 연구한 수녀

이번에는 자연과 숲의 은혜를 깊이 사유한 수녀를 소개하겠습니다. '라인강의 지빌레Sibylle(무녀)'라고 불린 12세기의 예언자 힐데가르트 폰 빙엔Hildegard von Bingen(1098~1179)입니다(75쪽 그림 왼쪽 아래 인물이 힐데가르트 폰 빙엔). 타고난 환시幻視 능력으로 예언을 행한 그녀는 우주와 인간에 대한 독창적인 사상을 펼쳤습니다.

힐데가르트는 자연 속에 침잠했습니다. 그녀가 말하는 자연은 이념인 동시에 실체라는 특징이 있습니다. 실체로서의 자연 중에서는 '식물'의 힘에 대한 독자적인 사고가 특히 중요합니다. 그녀의 사상은 저서 『자연학』Physica 및 『병의 원인과 치료』Causae et Curae 에 여실히 담겨 있습니다. 그녀가 설파한 지혜는 게르만의 전통과 경험에서 비롯된 것이 많습니다.

"자연의 물질에 들어 있는 마술적인 미덕을 알아야 한다." 힐데가르트는 이렇게 말하면서 식물의 효능뿐 아니라 식물이 대지에 뿌리내린 성스러운 형태까지 탐구했습니다. 동방과 서방의 식물들에 대해 어떤 것이 건강을 유지하고 회복하는 약품으로서 효능이 큰지 또는 거꾸로 위험한지에 대해 계절, 기후, 대기의 영靈, 고대 신들의 활동 기간 등과 결부해 설명했습니다.

힐데가르트 폰 빙엔이 병의 예후, 예측, 진단에 맞는 생약을 처방할 때 내세우는 것이 바로 비리디타스Vĭrĭdĭtas(초록)입니다. 비리디타스는 식물에 포함된 자연적 물질이나 특성으로, 질병의 치유력

-힐데가르트 폰 빙엔 수녀가 본 '생명의 근원인 자연'의 환영

을 높이는 것입니다. 힐데가르트는 그것이 단순히 색깔이나 성질이 아니라 실체로서 신체에 효과적으로 작용한다고 합니다.

근원을 거슬러 올라가면 비리디타스는 대지의 분비물(체액)을 말합니다. 이것이 물과 태양을 매개로 잎, 꽃, 과실이 되고, 나아가 인체에도 은혜를 베풀어 줍니다. 이렇듯 비리디타스는 힐데가르트 폰 빙엔의 사상 가운데 건강에 관한 중심 개념이자 부가적으로는 창조 원리로서 일종의 '회춘의 힘'을 가리킵니다. 더욱 넓은 관점에서 보면 실로 게르만적인 다신교, 자연교의 흐름을 잇는 이 개념은 숲과 대지에 대한 찬미 사상을 드러낸다고 할 수 있을 것입니다.

덧붙여 힐데가르트 폰 빙엔의 영향이기도 할 텐데, 독일인은 지금도 항생물질 등 화학약품을 상당히 꺼리는 편입니다. 그래서 독일에서는 자연요법이 매우 인기가 높습니다. 약국과 자연식품점에는 약초와 약초를 달인 탕약이 즐비하게 진열되어 있지요. 위장병, 감기, 오한, 신경과민 등 각종 증상에 맞게 제조한 생약에는 중세 이래의 전통, 즉 '초록'에 대한 신뢰가 숨 쉬고 있습니다.

3장

종교개혁과
신비로운 자연의 힘

독일 역사에서 중세와 근대를 가르는 사건은 '종교개혁'입니다. 이는 단지 종교적인 측면에서만 대전환을 가져온 사건이 아닙니다. 종교개혁은 정치 세력과 사회 계층이 갈등하는 가운데 신분 제도 및 국가 체제의 뼈대를 결정하는 계기가 되기도 했습니다.

이 시대 산업의 중심은 광산업과 섬유산업이었습니다. 낡은 규제를 싫어한 상인과 기술자 들은 자유롭게 이윤을 추구할 수 있는 환경을 원했습니다. 마침내 중세적인 길드 생산 체제를 벗어나 자본주의가 움트고 있었던 셈이지요. 이로써 개혁을 열망하는 기운이 높아지고 가톨릭교회의 병폐를 날카롭게 비판하는 분위기가 조성되었습니다.

종교개혁은 문화적인 혁신과도 손을 잡았습니다. 1440년경 마인츠의 인쇄업자 구텐베르크가 활판 인쇄술을 발명한 덕분에 종교개혁의 창시자인 마르틴 루터(1483~1546)의 사상이 담긴 책이 널리 읽혔습니다. 루터가 독일어로 번역한 성서도 1523년에 5,000부, 1538년까지 20만 부를 인쇄했고, 그 덕에 영세 상인, 수공업자, 농민 등 일반인들도 성서를 읽을 수 있었습니다.

팸플릿이나 전단처럼 값싸고 쉽게 구할 수 있는 인쇄물도 대량으로 나돌면서 가톨릭과 프로테스탄트 양쪽의 선전전이 벌어졌습니다. 프로테스탄트의 교리에 감명을 받은 알브레히트 뒤러나 루카스 크라나흐 같은 화가들은 종교개혁을 돕는 그림을 그렸습니다. 이렇게 독일을 중심으로 하는 북방 르네상스가 종교개혁과 함께 전개되어 갔습니다.

루터와 종교전쟁

종교개혁의 원인은 무엇이고 결과는 어떠했을까요? 중세 말에 아비뇽 유수(1309~1377)와 교회의 대분열(1378~1417)을 겪었을 뿐 아니라 발전하는 세속 국가에 농락당해 위신을 잃은 로마 교황청은 르네상스 시대에 힘과 번영을 되찾아 로마가톨릭교회의 체제 개조에 착수했습니다. 그렇지만 이 작업은 복음 정신을 더욱 일탈하는 부작용을 초래했습니다.

그러는 가운데 잉글랜드의 존 위클리프, 보헤미아의 얀 후스 같은 선구자의 뒤를 따라 반항의 횃불을 든 사람이 독일의 수도사 마르틴 루터였습니다. 1517년 로마가톨릭교회에서 횡행하던 면죄부 판매를 가리켜 최대의 부패라고 비난한 루터는 신학 교수로 재직하던 비텐베르크대학 부속 교회에 '95개조 반박문'을 게시하고 "신앙에 의해서만 인간은 구원받는다"고 역설함으로써 커다란 반향을 일으켰습니다. 눈 깜짝할 사이에 불붙어 버린 루터의 운동은 스위스와 프랑스에서 새로운 개혁가들을 배출했을 뿐 아니라 사회 전체적으로 기존 질서에 반발하는 분위기를 조성했습니다.

- 마르틴 루터의 초상

　루터는 교황의 파문에도 굴하지 않고 새로운 교회를 세웠습니다. 그리하여 자연환경이 가혹하고 역사가 길지 않은 북방의 작센, 헤센, 프로이센, 브란덴부르크 같은 지역이 프로테스탄트에 대거 가담했습니다. 루터주의는 특히 동방식민에 의해 '독일'로 편입된 토지와 북독일, 스칸디나비아반도 등으로 널리 퍼졌습니다. 가톨릭을 고수한 카를 5세는 1521년 보름스회의에 루터를 소환해 개혁적 주장을 철회하라고 했습니다. 그러나 루터는 이를 거부했고, 제국에서 추방당한 뒤로 작센 선제후의 보호를 받았습니다.

　그러면 종교개혁을 전후하여 독일의 국가 체제와 정치는 어떤 변화를 겪었을까요? 16세기의 첫 신성로마제국 황제는 합스부르크가의 막시밀리안 1세(재위 1508~1519)였습니다. 부르고뉴 공의

- 루터의 적들(교황과 가톨릭 신학자들)에 대한 풍자화

딸 마리와 결혼한 그는 네덜란드, 프랑슈콩테, 플랑드르를 손에 넣고, 여러 방면에서 요구가 있었던 제국의 개혁에 박차를 가했습니다. 그는 제국회의, 제국군, 제국 최고재판소를 개혁하고, 영방의 분립으로 막혀 있던 제국 차원의 정치, 외교, 사법, 군사를 실현하고자 했습니다. 그러나 영방을 뛰어넘은 조직은 충분히 기능하지 못했고, 그 후에도 영방 군주와 도시들이 황제와 대치하는 구도는 변하지 않았습니다.

독일은 막시밀리안 시대에 프랑스와 계속 싸움을 벌였고, 동쪽으로는 헝가리, 터키와도 전쟁을 치렀습니다. 막시밀리안의 아들 펠리페 1세Felipe I(부르고뉴 공 필리프 4세, 미남왕)는 스페인 가톨릭 군주*의 후계자 후아나Juanna와 결혼합니다. 그가 갑자기 죽은 뒤 아들 카를로스 1세Carlos I(재위 1516~1556)가 어머니 후아나를

---

* 　아라곤 왕 페르난도 2세와 부인 카스티야 여왕 이사벨 1세. 이들 부부는 가톨릭 교리에 맞게 통치하라는 의미에서 교황 알렉산데르 6세로부터 이러한 칭호를 받았다. 가톨릭 공동왕이라고도 한다.

대신해 스페인 왕위에 올랐습니다. 그는 할아버지 막시밀리안 1세에 이어 1519년 신성로마제국의 황제로 선출되었고, 1530년 볼로냐에서 교황에게 정식으로 황제의 관을 받고 카를 5세Karl V가 되었습니다. 이로써 합스부르크가는 독일, 이탈리아, 스페인, 나아가 신대륙까지 아우르는 세계 제국을 형성했습니다.

카를 5세는 프랑스의 프랑수아 1세François I와 이탈리아를 두고 여러 차례 전쟁을 치르다 1529년 캉브레조약으로 일단락을 짓습니다. 로마제국에서 유래한 가톨릭 이념을 중시한 카를 5세는 독일 남서부의 도시 슈파이어에서 제국회의를 개최하고 종교개혁을 저지하려고 했습니다만, 제국 제후들과 14개 제국 도시의 반대에 부딪쳤습니다. 이들 프로테스탄트 국가의 제후들은 1531년에 슈말칼덴동맹을 결성해 황제 및 가톨릭과 대립했습니다. 황제는 이에 맞서 1538년 가톨릭 제후와 뉘른베르크동맹을 맺었습니다.

가톨릭 세력은 트리엔트 공의회** 개최를 발판으로 자기 개혁을 힘차게 추진하는 한편, 공의회 참가를 거부한 프로테스탄트를 탄압하기 위해 행동에 나섭니다. 이것이 슈말칼덴전쟁(1546~1547)입니다. 일단은 압도적인 군사력 차이로 황제가 프로테스탄트를 누르고 승리를 거둡니다. 그러나 종파를 불문하고 자신들의 독립적 권력이 약해질 것을 두려워한 영방 군주들이 강력하게 반발하는 바람에 통치권을 강화하려는 황제의 시도는 실패로 끝나고 말았습니다.

** 1545년부터 1563년까지 이탈리아 트리엔트(트렌토)에서 세 차례에 걸쳐 열린 종교회의. 원래는 가톨릭과 프로테스탄트의 화해가 목적이었으나, 프로테스탄트의 거부로 가톨릭이 결속하는 계기가 되었다.

영방 교회의 탄생

실의에 빠진 카를을 대신해 동생 페르디난트 1세Ferdinand I가 1555년에 아우크스부르크에서 종교 화의를 개최했습니다. 이 화의에서 가톨릭과 더불어 루터파 프로테스탄트를 사실상 공인했고(칼뱅파, 츠빙글리파, 재세례파 등은 제외) "영토 지배자가 신민의 종교를 결정한다"cuius regio, eius religio는 원칙을 세웠습니다. 개인에게는 아직 신앙의 자유가 없었고, 300년 역사의 영방 군주, 제국 도시 당국만 신앙(영방 교회)을 선택할 수 있었던 것입니다.

더구나 아우크스부르크화의를 통해서도 종교 갈등은 누그러지지 않았습니다. 이후에도 다툼이 계속되다가 프로테스탄트 제후 연맹(1608)과 이에 대항하는 가톨릭 제후 연맹(1609)이 결성됩니다. 양쪽의 배후에는 각각 서구 칼뱅파 세력(특히 네덜란드)과 가톨릭의 맹주인 스페인이 있었기 때문에 종교 대립은 독일만의 문제가 아니라 이웃 나라까지 얽힌 국제 분쟁의 원인이기도 했습니다.

요컨대 종교개혁과 종교전쟁의 결과, 독일에서는 종교에 기초를 둔 영방국가 체제가 성립했습니다. 그리하여 이른바 '초기 근세국가'를 이룬 각각의 영방은 내부적으로 중앙집권화를 추진하면서 군주의 손발이 되는 관리를 키우고 행정 조직을 정비해 갔습니다.

아울러 신민을 복속시키고 특히 성직자(교회 제후)와 귀족(세속 제후), 자유도시 등 신분제의회를 구성하는 특권 신분을 통합하기 위해 노력했습니다. 부부, 가정, 학교 등을 대상으로 열심히 종교와 도덕 교육을 실시하고 규제를 강화하는 한편, 빈민 구제와 방랑자 대책 등 사회복지도 마련해 갔습니다. 영방 군주는 종교를 장악해 권력을 강화했던 것입니다.

산악 농민들의 거친 투쟁

루터 이야기를 좀 더 해 봅시다. 루터의 개혁을 희망의 등불로 여긴 이들은 긴 세월 동안 영주의 가렴주구를 견뎌야 했던 농민들이었습니다. 도시가 성장하면서 상인은 부를 누렸지만 농민은 여전히 궁핍했습니다. 15~16세기에 '오래된 권리'를 회복하기 위해 여러 차례 농민 반란이 일어났습니다. 그중에서 가장 대대적이었던 사건은 '독일농민전쟁'(1524~1525)입니다. 독일 남부의 오스트리아와 스위스를 포함해 독일 전역에서 대규모로 빈번하게 농민 봉기가 발생했습니다.

미처 대비하지 못한 제후들은 농민군의 공격으로 성이 불타거나 수도원을 점거당하자 몹시 당황하여 허둥댔습니다. 그러나 이윽고 슈바벤 동맹군의 최고지휘관인 투르크세스 폰 발트부르크차일 게오르크Truchseß von Waldburg-Zeil Georg가 이끄는 군대를 비롯해 제후의 군대가 공세를 강화했고, 그 결과 1525년 4월부터 1526년 봄에 걸쳐 농민군은 차츰 격퇴를 당했습니다. 이로써 7만~10만 명에 달하는 농민이 학살당했다고 합니다.

실은 농민전쟁도 자연과 깊은 관계를 맺고 있답니다. 왜냐하면

- 농민을 습격하는 용병들

농민전쟁의 발원지가 독일 서남부 삼림 지대인 슈바르츠발트(검은
숲)였고, 고지대인 남독일 일대와 스위스, 중부 독일로 번져 갔기
때문입니다. 1524년 6월 23일 슈바르츠발트의 튀링겐 방백령*의
농민들이 행동에 나섰고, 슈바르츠발트·헤가우 농민단, 알고이 농
민단, 보덴호 농민단, 발트링겐 농민단, 바덴 변경백령 농민단, 브
라이스가우 농민단, 알트도르프 농민단, 엘자스(현 알자스) 농민단,
타우베르탈 농민단, 네카르탈·오덴발트 농민단 등 수많은 농민단
이 결성되었습니다. 이들은 고지대, 계곡, 깊은 숲처럼 지세가 험한
지역의 농민들이었습니다. 산악 지대의 농민은 평지의 농민보다 선
진적이었나 봅니다.

또 하나, 농민의 사냥 금지와 동물 보호가 현안이었다는 점도 주
목할 만합니다. 1525년 3월에 라인강 상류 및 슈바벤 위쪽 지방 농
민들은 자신들의 고충을 정리해 농민의 요구 '12개조'를 제출했습
니다. 2개월 동안 무려 2만 5,000부를 찍어 낸 이 문건은 어마어마
한 영향을 미쳤습니다. 농민들은 십일세** 폐지와 공동체의 사제 임
면권 확보, 체복 영주제*** 폐지를 비롯해 수렵권과 어로권의 보장
을 요구했습니다.

예를 들어 제4조에서는 가난한 농민에게 물고기를 잡고 동물을

---

*   신성로마제국에서 직속 자유권을 가진 방백(란트그라프Landgraf)이 지배하는 땅.

**   중세 유럽의 교회가 교구민에게 과세 대상의 10분의 1의 비율로 징수하던 세금.

***   중세 영주제는 토지 영주제, 체복 영주제, 재판 영주제 등 세 가지로 나뉜다. 체복 영주제는 인격
적 지배 관계를 말한다. 이를테면 영주가 예속 농민의 결혼에 간섭하고, 이주를 제한하며, 상속할 때 재
산의 일부를 징수할 수 있었다.

사냥할 권리가 없는 것은 부당하다고 하면서 금렵 해제를 요구하고 있으며, 그 밖에도 나라에서 사냥을 금지하는 바람에 산짐승이 농작물을 마구 뜯어 먹고 밭을 망가뜨려 농민이 고통을 당하고 있다고 호소합니다. 제5조는 삼림에 관한 조항입니다. 공유림의 벌채권을 공동체에 반환해야 하고, 농민이 직접 산림 감독관을 선택해야 한다고 적었습니다.

브로켄산의 전설

이 시대에는 산에 관한 전설과 민간신앙이 더욱 널리 유포되었습니다. 광산업이 번성하면서 산과 인간의 접점이 점점 더 많아졌어도 자연의 위협을 능숙하게 통제할 수 없는 과도적인 시대였기 때문일 것입니다. 광산 사고를 당해 지하에 갇힌 광부를 산에 깃든 신령이 구해 준다는 이야기가 있는가 하면, 어머니 대지의 배 속에서 일하는 광부를 모태와 같은 산의 암석이 물과 양분으로 먹여 살렸다는 식의 일화도 여럿 있습니다.

특별히 저승으로 알려진 산도 있었습니다. 예컨대 현재 오스트리아의 잘츠부르크 근처에는 운터스베르크라는 산이 있는데, 텅 빈 산의 내부에는 교회, 수도원, 궁전, 금은 샘이 있고 소인들이 망을 보고 있다고 합니다. 그림 형제의 『독일 전설집』*Deutsche Sagen* (1816, 1818)에 나오는 이야기입니다.

또한 독일 중부 하르츠산지의 남쪽, 튀링겐주와 작센안할트주의 경계 지역에는 키프호이저라는 산이 있습니다. 이 산에서는 붉은 수염왕 프리드리히 1세 바르바로사가 최후의 심판이 다가오기를 기다린다는 전설이 있습니다. 앞에서 이야기한 대로 바르바로사는 십자군 원정 중에 익사하고 말았는데, 그가 지금도 키프호이저의 동굴에 잠들어 있다는 것입니다. 돌로 된 탁자에 앉은 채로 잠들어 있는 바르바로사의 수염은 아직껏 계속 자라나 탁자를 몇 번이나 휘감았다고 하네요. 그는 자기가 나서야 할 왕국의 결정적인 시기를 기다린다고 합니다.

이 전설은 원래 그의 손자인 프리드리히 2세에 관한 것이었지만, 16세기에 바르바로사 전설이 덧입혀졌습니다. 바르바로사를 배출한 호엔슈타우펜가는 위엄과 인기가 있었는데, 자연 속 '산의 동굴'에 잠들어 있다는 이야기가 더욱 명망을 높여 주었을 것입니다. 이와 비슷하게 산이나 동굴에 잠들어 있는 제왕의 전설은 더 있습니다.

이 시대에는 또한 산과 마녀의 관계를 보여 주는 이야기들이 유행했습니다. 해발 1,141미터인 하르츠산지의 최고봉 브로켄산은 언제나 안개에 싸여 있습니다. 4월 30일 밤이 되면, 마녀들이 그곳에 모여 악마 숭배 집회인 사바트sabbath를 벌인다고 합니다.

애초부터 게르만족이나 켈트족 등 기독교 이전의 이교에서는 봄이 오는 것을 축하하는 뜻으로 이날 발푸르기스나흐트Walpurgisnacht (발푸르기스의 밤)라는 축제를 열었습니다.* 하지만 기독교회는 이교를 억압하기 위해 이날을 악마의 날로 삼아 마녀가 날뛰며 돌아다

- 브로켄산 위로 공중을 날아다니는 마녀들의 모습

니는 날이라고 규정해 버린 듯합니다.

브로켄산과 발푸르기스의 밤에 대해서는 괴테가 『파우스트』 1부 (1808)에서 다룬 내용이 유명합니다. 끝부분에서 메피스토펠레스의 유혹에 넘어간 파우스트는 브로켄산에 올라가 마녀들이 발푸르기스의 밤에 펼치는 광란에 매혹당합니다. 그래서 노래를 잘 부르는 아름다운 마녀와 춤을 추기 시작합니다.

'마녀'는 평지보다 산악 지대에서 많이 탄생했습니다. 다음에 나올 마녀사냥은 15세기 초 알프스산맥 서쪽(스위스)에서 시작되었습니다. 특히 베른 알프스 쪽에 마녀가 많다고 했답니다.

마녀 박해의 진상

마녀 이야기가 나온 김에 근세 독일의 사회와 종교계를 뒤흔들었던 '마녀사냥과 마녀 박해'에 관해 살펴봅시다. 여기에서도 자연과의 깊은 연관성을 엿볼 수 있습니다.

15세기부터 18세기까지 유럽 각지에서 무고한 사람들이 '마녀'로 몰려 교회 재판 또는 세속 재판에 회부되어 박해를 받았습니다. 마녀는 1570년부터 1640년 사이에 집중적으로 나타나는데, 남자도 없지는 않지만 80퍼센트 이상이 여성이었고 어린이도 있었습니다.

박해의 동기는 공동체 안에 설명할 수 없는 병이나 죽음 또는 천

---

* 켈트족은 벨테인(Beltane)이라는 불의 축제를 열어 다산과 풍요, 새로운 시작을 축원했다.

재지변, 기근, 병충해 등이 발생했을 때, 약한 처지에 놓인 인물을
표적으로 삼아 책임을 넘겨씌우는 데 있었습니다.

일반적으로 '마녀'는 악마와 계약을 맺고 나쁜 짓을 저지르는 존
재라고 믿었습니다. 이를테면 마녀가 독약을 만들어 사람이나 동물
에게 먹이기도 하고, 부정한 것을 본 사람을 병에 걸리거나 죽게 하
며, 곡물을 시들게 한다는 것입니다. 또한 각종 요술과 마법으로 아
이를 유산시키거나 남성의 성기를 없애고 갓난아기를 죽인다고 믿
었습니다. 사람들은 마녀가 정기적으로 밤이 되면 악마에게 받은
고약을 바른 뒤 빗자루를 타고 하늘을 날아 사바트에 간다고도 생
각했습니다. 거기에서 악마에게 예배를 드리고, 어린애를 잡아먹
고, 격렬한 춤을 추고, 다시 빗자루를 타고 집으로 돌아와 아무 일
도 없었다는 듯 지낸다는 것입니다.

마녀는 이웃이나 가족의 고발로 붙잡혀 재판정에 세워졌습니다. 재판관은 악마를 연구하는 '악마학자'가 정리해 놓은 지침에 따라 마녀를 심문했습니다. 상투적인 질문에 마땅한 대답을 할 때까지 가차 없이 온몸을 칼로 찌르거나 물고문, 주리 틀기, 손발톱 뽑기 등의 고문을 해서 '나는 마녀입니다'라는 자백을 얻어 냈기 때문에 유죄 비율이 높았습니다. 폭력과 강압에 의해 악마와 맺은 계약, 꿈속 악마와의 성교, 사바트 참여, 더욱이 함께 간 친척이나 친구의 이름까지 허위로 자백했습니다.

마녀 박해와 처형의 약 4분의 3이 독일을 중심으로 한 신성로마제국에서 이루어졌다고 하고, 피해자는 약 3만 명을 웃돈다고 합니다. 마인츠, 쾰른, 트리어의 선제후 영지, 기타 사교 및 독일기사단의 영지 등 교회 조직이 힘을 가진 지역에서는 마녀 박해의 광풍이 너욱 서세게 몰아쳤습니다.

왜 독일에는 마녀가 많았을까

왜 마녀사냥은 독일에서 압도적으로 많이 일어났을까요? 프로테스탄트와 가톨릭의 종파 대립으로 신앙 세계가 양분되어 영혼의 구원이나 세계 질서에 유례없는 불안과 의심이 거세게 일어났다는 점을 이유로 꼽을 수 있습니다. 또한 중앙 권력이 결여되어 있던 독일에서는 지방 권력이 휘두르는 극심한 억압을 제어할 수 없었기 때문이라고 설명하기도 합니다.

- 한스 발등 그린, 「마녀들
의 사바트」(1510)

'마녀'로 지목받은 여성들은 힐데가르트 폰 빙엔이 그러했듯 원
래는 존경의 대상이었습니다. 약초에 관한 지식을 갖추고, 때로는
산파로 일하거나 점을 치면서 이웃을 도왔습니다. 반자연적인 중세
가톨릭에 저항하여 물질, 자연물, 육체에 대한 지식을 함양함으로
써 각종 질병에 시달리는 사람들을 구했습니다.

　가혹한 마녀 박해의 원인은 '자연'의 정수라고 할 여성의 신비성
에 대해 남성이 느끼는 두려움과 혐오 감정에서 찾을 수 있을지도

모릅니다. 무엇보다 독일이 특히 자연과 깊이 관계를 맺고 있는 땅이라는 점이 중요할 듯합니다. 다르게 말하면, 독일은 힐데가르트 폰 빙엔처럼 식물에 관한 지식을 비롯해 우주와 인체의 조화 사상을 전개할 수 있는 여성을 탄생시킨 지역이기 때문에 선악이나 긍정/부정의 도식이 거꾸로 되었을 때 유례없는 여성 박해가 일어난 것 아닐까요?

아울러 독일에서는 공권력에 따른 규율화가 강력해지면서 군주의 권력을 유지하기 위해 '마녀'를 조작해 내는 체제가 자리 잡았다고도 볼 수 있습니다. 다시 말해 엄한 규율을 유지하기 위해서는 '악으로부터 정의를 지키는 군주'라는 이미지가 중요했기 때문에 처벌 대상이 될 악인이 필요했던 것입니다.

이러한 공권력에 따른 규율화를 독일에서는 '폴리차이'Polizei라고 부릅니다. 폴리차이는 바람직한 질서를 수립하고 널리 퍼뜨리기 위한 통치와 통제 활동입니다. 15세기 말부터 많은 영방과 도시에서는(또한 제국 전체를 통틀어) 종교, 경제, 위생, 가정 등 생활 전반을 구석구석까지 세세하게 규제했습니다. 그 결과, 독일 사회는 신분 질서나 종교적 도덕을 지나치게 강요해 숨 막히는 분위기가 감돌았습니다. 독일에서는 마녀사냥도 올바른 질서와 도덕을 실현하기 위한 폴리차이의 일환이었던 것입니다.

아마도 폴리차이의 대상이 필요했다는 것, 동시에 자연과의 깊은 연관성이 왜곡되었다는 것, 이 두 가지가 독일 근세에 처참한 마녀사냥이 벌어진 이유라고 생각합니다.

광산 마을에 세운 왕궁

중세 후반부터 18세기까지 독일에서는 광산 채굴과 그와 관련한 공업이 영방과 도시에 부를 가져다주는 원천이었습니다. 근세는 독일이 광산 개발로 부를 축적한 시대이기도 했습니다. 광산업은 돈이 되는 인기 산업이었던 것입니다.

옛날에는 수차를 이용해 얕은 곳에서 파낸 광물을 지상으로 옮겼을 뿐이지만, 12~14세기에는 기술 혁신으로 깊은 수직굴을 파내려갈 수 있었습니다. 독일 각지에서 은, 동, 주석, 구리, 납을 채굴했고, 특히 은 생산은 세계 1위였습니다. 광산 지배권을 가진 영주는 막대한 수입을 올릴 수 있었지요.

중세 독일에서 가장 중요한 광산은 작센의 고슬라어Goslar였습니다. 이 광산의 발견에 얽힌 전설이 있습니다. 작센 왕조의 오토 1세가 고슬라어의 동쪽 마을에 머물렀을 때, 가신이었던 어떤 기사를 따라 산지까지 사냥을 나갔습니다. 산이 험하다 보니 말을 타고 갈 수 없어서 두 사람은 애마를 나무에 매어 놓고 걸어갔습니다. 그런데 사냥터에서 돌아왔더니 말이 발굽으로 땅을 파고 있었고, 그곳에 광맥이 있었다는 것입니다. 이 이야기는 16세기에 지어진 전설일 뿐 사실은 아닌 듯한데, 아무튼 하르츠산지에서 은광을 발견했다는 것은 사실입니다.

광산에서 나올 수입을 기대한 왕은 광산을 보호하기 위해 고슬라어에 궁정을 세웠습니다. 11세기 초에는 작센 왕조의 제5대 왕인 하인리히 2세가 이 마을에 궁궐을 세웠고, 이어 잘리어 왕조의 콘라트 2세가 왕성 건축을 계속했습니다. 이후 200년에 걸쳐 이 마을은 제국회의가 열릴 만큼 중요해졌습니다. 12세기에는 이 마을을 둘러싸고 프리드리히 1세 바르바로사와 작센 공작 하인리히 사자공이 치열한 쟁탈전을 펼칠 정도였으니까요.

고슬라어는 그 후에도 순조롭게 발전을 이루어 13세기에는 한자 도시, 작센 도시동맹의 하나가 되었습니다. 고슬라어 광산은 라멜스베르크Rammelsberg(마을 남쪽의 광산 이름)라고도 불리며 1992년에 세계문화유산으로 등재되었습니다.

푸거가와 광산 개발

독일의 광산업은 고슬라어뿐 아니라 중급 산악 지대, 즉 아이펠고원, 에르츠산지, 하르츠산지, 자월란트Sauerland, 슈바르츠발트, 슈바벤고지, 수데텐산지, 튀링겐산지 등이 떠맡아 왔습니다. 이러한 '산지'와 '고원'에서는 금은 적게 나지만 은이 풍부했기 때문에 영방 군주의 주머니가 두둑해졌습니다. 나중에는 철광석이 발견되어 광산 가까이에서는 철공업도 발달했습니다.

3장 첫머리에서 설명한 '종교개혁'과 '농민전쟁'도 광산 개발과 무관하지 않습니다. 푸거Fugger 가문과 벨저Welser 가문은 광산 개발과 금융업으로 유럽 경제를 좌우할 만큼 세력을 키웠습니다. 14세기 아우크스부르크에 등장한 그들은 헝가리 왕에게서 노이

\- 광산 노동

졸Neusohl 광산을 빌려 은 채굴과 판매에 힘썼고, 야코프 푸거Jakob Fugger(1459~1525) 대에 막대한 부를 쌓았습니다. 야코프 푸거는 오스트리아 티롤의 대공 지기스문트Sigismund(1427~1496)에 이어 황제 막시밀리안 1세에게까지 은 선매권을 담보로 거액을 융자해 이익을 확보하는 것은 물론, 갱구* 경영에 직접 종사하거나 정련소를 설립하기도 했습니다. 또한 카농포 같은 무기를 만드는 재료인 구리의 수요가 늘어나자, 그것을 기회로 삼아 막대한 이익을 거머쥐었습니다.

열악한 노동 환경에 시달리는 광산 노동자는 종종 파업을 하거나

---

*   지하 채굴 작업에 필요한 채굴 장비, 저장 구역, 사무실 등의 지표 시설.

반란을 일으켰습니다. 농민전쟁이 한창이던 1525년에 작센의 동쪽 끝 에르츠산지에서는 광산 노동자의 반란 사건이 일어났습니다.

광산 노동자는 시청, 광산 감독관의 저택, 성 등을 습격하고 온갖 증서와 담보 장부를 파기하는 한편, '18개조'의 요구를 적은 문건을 정리해 경영자 측에 내밀었습니다. 다른 광산으로도 비슷한 움직임이 번져 나갔습니다. 더구나 광부 중에는 농민전쟁의 지도자가 되어 활약한 사람도 있었습니다. 물론 광산 경영자인 푸거 가문은 영주 쪽을 지원했습니다.

덧붙이자면, 루터의 아버지는 나중에 관리직까지 올라간 작센의 광부였습니다. 루터는 아버지와 갈등을 빚으면서 종교 개혁가가 된 것입니다. 루터의 사상에 광부다운 요소가 있다고까지는 못하더라도, 이러한 배경은 흥미롭습니다.

자연이 키운 독일의 광산업

광산업에는 숲도 필요했습니다. 목재를 연료로 사용해 철을 녹이기 때문입니다. 숲이나 산은 광업 지대와 불가분의 관계입니다. 따라서 유럽의 다른 어느 나라보다 숲과 산이 풍부한 독일의 지세야말로 광산업을 길러 낸 바탕이라고 할 수 있을 것입니다.

작센의 광산 도시로 말할 것 같으면, 고슬라어 말고도 그 동쪽에 자리한 만스펠트 광산이나 남작센의 프라이베르크, 슈네베르크, 아나베르크, 마리엔베르크 같은 광산이 잘 알려져 있습니다. 티롤 광산도 유명한데, 초기에는 철광산이 몇몇 개발되었지만 중세 말부터는 슈바츠 은광을 비롯한 은광이 더욱 중요해졌습니다. 메렌 지방(현재는 체코 모라비아)에는 이글라우(이흘라바) 은광 등이 있고, 남작센과 접한 보헤미아의 쿠텐베르크(현재는 체코 쿠트나호라)에서는 13세기 후반에 아주 커다란 은광이 발견되어 1300년에 은화 주조를 시작합니다. 16세기에 보헤미아의 작은 골짜기에서 발견된 요아힘스탈 은광도 아주 중요합니다.

광산업이 더욱 비약적으로 발전한 14~16세기에는 영방 군주의 권력이 한층 강해졌습니다. 영방 군주가 거두는 광산 십일세는 광산물 선매권으로 얻는 이익과 더불어 훌륭한 돈벌이가 되었습니다. 광산 개발을 영방 사업으로 조직화해 나가면서 광산 지배인, 십일세 징수관, 조폐소장, 광산 재판관 등의 자리에 영방의 광산 관료를 임명했습니다. 또한 막대한 수의 임금 노동자와 경영자를 중재하기 위해 광부 조합도 생겨났습니다. 앞에 나온 푸거 같은 대자본가는 광산 주株를 대량 취득하거나 재정난을 겪는 영방 군주에게 대출해 주는 대가로 광산물의 선매권을 취득하는 등 광산업으로 두드러지게 진출했습니다.

노동 체제를 보면, 슈바츠 은광의 일부인 팔켄슈타인 지구에는 1520년대 전성기에 수십 개의 광구鑛區*가 있었고 십수 톤의 광물을 산출했다고 합니다. 지역 전체로 보면 노동자가 수천 명에 달했

---

*   관청에서 채굴이나 시굴을 허가한 구역.

지만, 광구마다 100~500명씩 노동자 수에 차이가 있었습니다. 처음에는 갱 하나에 몇 명이 달려들어 갱도 만들기, 굴삭, 반출, 정련, 배수 등의 작업을 분업 없이 해냈습니다. 그러다 기술 혁신의 결과로 지하 깊숙이 파 들어가는 수직굴의 채굴이 가능해지자 분업화가 일어났습니다.

근대 공업에 있어 가장 중요한 '탄광'에 대해서는 5장에서 자세히 살펴보겠습니다.

소금으로 먹고사는 도시

독일에는 제염 도시가 줄줄이 늘어서 있습니다. 생활에 없어서는 안 될 소금은 고대부터 권력자들이 독점하고 통제하는 물자였습니다. 중세 세금 중에는 가벨라Gabella 또는 가벨Gabelle이라고 해서 물품에 부과하는 간접세가 있었습니다. 이것은 원래 '염세'鹽稅로, 권력자들은 소금에 세를 매겨 배를 불렸습니다.

천일 제염업은 바닷가 마을에서 번성하기 마련인데, 사실 유럽에는 태고의 바닷물이 증발하고 남은 소금이 층층이 쌓여 만들어진 소금 광산이 많이 있습니다. 두말할 것도 없이, 지중해를 끼고 있지 않은 독일에서는 암염이 주류였지요. 소금은 거대한 이윤을 가져다주었고 도시의 발전을 뒷받침했습니다.

독일에서 암염을 산출하는 도시는 대부분 내륙에 있었습니다. 독일어로 암염을 '할리트'Halit라고 하는데, 할라인Hallein, 할

레Halle, 할슈타트Hallstatt, 슈베비슈 할Schwäbisch Hall, 라이헨할 Reichenhall 등의 도시명은 그 땅에서 옛날부터 암염 제염업을 해 왔다는 증거입니다.

제염에는 암염을 캐내는 방법(건식) 이외에도 염천鹽泉을 끓여 소금을 추출하는 방법(습식)이 있습니다. 소금물을 펄펄 끓이려면 많은 목재가 필요합니다. 숲에서 벌채한 목재는 강에 뗏목을 띄워 육지까지 가져오는 것이므로 소금도 '숲'과 '강'과 뗄 수 없습니다. 삼림을 철저히 관리해야만 제염업을 계속할 수 있기 때문에 제염 도시에서는 자원을 계획적이고 지속 가능하게 이용하는 방법을 궁리했습니다.

독일에서는 네덜란드 국경 근처의 보르트Borth 암염광이 옛날부터 유명했습니다. 오스트리아에는 알프스 산중의 아름다운 할슈타트 호수 부근에 할슈타트 암염광이 있습니다. 놀랍게도 그곳에서는 3,000년 전부터 암염을 채취했다고 합니다. 또한 오스트리아의 인스브루크에서 동쪽으로 8킬로미터쯤 떨어진 할라인이라는 마을은 13세기 중반에 발견한 암염광에서 엄청난 양의 암염을 산출했습니다. 개발 권한은 티롤 백작에게 있었습니다. 14세기 중반에 이르러 채굴량이 연간 3,000톤에 달했고, 암염으로 벌어들이는 수입이 국가 예산의 거의 30퍼센트를 차지했습니다.

자연학과 연금술

은광, 철광, 탄광, 암염광 등 독일의 주요 산업을 키우고 뒷받침한 것은 실로 '산'과 '대지'라는 자연임을 알 수 있습니다. 광물을 정련 하려면 엄청난 양의 '물'이 필요하고 물자를 운송하는 데는 '강'이 필요했습니다. 또한 용광로에서 금속을 녹여 혼합하거나 소금물을 끓이는 연료로 '숲'의 목재가 필요했습니다. 이렇게 생각하면 근세 와 근대에 걸쳐 독일이 경제적·사회적 발전을 이루어 낸 것은 실로 '숲'과 '강'의 덕택이었다고 단언할 수 있을 것입니다.

이 시대에 자연과 인간이 맺은 신체적이고 사회적인 깊은 관계 는 앞에서 얘기한 것처럼 '산'에 대한 신비로운 전설을 낳았을 뿐 아니라 자연학이 발전하는 동기가 되었습니다.

광산과 관계가 깊은 인물로 게오르기우스 아그리콜라Georgius Agricola(1494~1555)를 꼽을 수 있습니다. 그는 의사이자 저명한 광 산학자였습니다. 사후에 나온 저서 『금속에 관하여』De re metallica (1556)는 그가 살고 있는 땅의 광산업을 관찰하여 정리한 것입니다. 그는 채광, 채굴, 야금, 정련 등 최신 기술을 자세하게 소개하면서 광산의 유용성을 설파하고 있습니다. 곳곳에서 미신을 비판하면서 도 광산에 얽힌 기발하고 신비로운 이야기도 들려줍니다. 예를 들 면 '사람에게 위해를 가하는 악한 것'과 '작업을 흉내 내면서 이상 야릇하게 까부는 선량한 것'으로 산의 정령을 나눈 대목이 그렇습 니다.

광산 도시에서 교직에 종사하던 인문주의자 슈네포겔Schneevogel
(라틴어 이름은 파울루스 니아위스Paulus Niavis, 1460~1514)은 1492~
1495년에 『주피터의 재판』Iudicium Iovis이라는 책을 썼습니다. 라
틴어 대화체로 쓰인 이 책에서 그는 다음과 같이 광산 채굴을 비판
했습니다. "은 광맥을 발견하고 재물에 눈먼 인간은 자신을 이 세상
에 내려 준 어머니 대지를 채굴로써 상처 입히고 피 흘리게 할 뿐이
다. 인간은 대대로 내려오는 신들의 종교를 잊어버리고 있다." 그러
나 다른 한편으로는 대지의 아들인 인간이 사회적 이익을 위해 자
연을 파괴하면서까지 광산을 개발할 수밖에 없는 사정을 들어 채굴
을 이해하기도 합니다.

광산 채굴을 찬성하든 비판하든, 이 저술가들은 대지를 '살아 있
는 어머니의 신비로운 모태'라고 여기는 독일 특유의 자연 친화적
관점을 가지고 있었습니다. 실로 이 시대는 과학과 자연학의 일대
전환기였지요. 독일에도 자연학의 여러 분야, 특히 연금술과 마술
에 관한 책이 어마어마하게 쏟아져 나왔습니다. 광산에 대한 사색
이 연금술적이고 마술적인 까닭은 여기에 있습니다.

이러한 관점에서 의화학파*의 시조이자 연금술사인 파라켈수
스Paracelsus(1493/1494~1541)를 주목할 만합니다. 스위스의 아인지
델른에서 태어난 그는 이탈리아에서 수학한 뒤 스위스 바젤대학의
교수로 부임했습니다. 그러나 사상이 과격하다는 이유로 축출당하

---

* 모든 의학적 문제와 생물 현상을 화학적으로 해결하려는 17세기 과학의 한 흐름.

- 가마터의 정련 작업 등을 그린 『금속에 관하여』의 삽화

고 오랫동안 방랑 생활을 했지요. 모든 인간을 치료하기 위한 연금술에 뜻을 품은 그는 광산 노동자들 사이에 유행하는 질병을 연구하고, 유황과 수은 이외에 물질의 세 번째 요소로 소금을 추가해 연금술 이론을 수정했습니다. 나아가 광물을 이용한 의약품 개발에도 힘을 쏟았습니다.

나라를 위해 자연을 연구한 학자

자연철학자 J. R. 흘라우버르Glauber(1604~1670)도 중요한 인물입니다. 그는 동맹과 조국에 보탬이 되겠다는 생각으로 화학철학을 독학으로 연구하고 각종 화학 기구를 개발했습니다. 그의 저서『독일의 번영』Dess Teutschlands Wohlfahrt(1656~1661)에는 4장에서 살펴볼 '30년전쟁'으로 인해 황폐해진 독일을 회복하고 전후 경제 문제를 해결하는 데 자신의 연구를 활용하겠다는 포부가 담겨 있습니다. 그와 함께 터키인의 위협적인 침략으로부터 기독교 세계를 지키겠다는 기개도 느껴집니다.

"독일은 유럽의 다른 어떤 나라보다 자연이라는 보물이 풍부하다. 숨어 있는 부를 가진 독일이야말로 세계의 왕이 되어야 한다." 이렇게 확신을 품은 그는 어떻게 숨은 부를 낭비 없이 활용해 국부를 증대해야 하는지 적었습니다. 이런 맥락에서 포도주와 맥주, 밀 생산에 잉여가 생길 경우에 그것을 헛되이 버리지 않도록 하는 농축 기술을 전수합니다. 한편, 전쟁으로 포위당했을 때를 대비해 성

주들에게 농축해 놓은 식품을 저장해 두라고 충고합니다.

흘라우버르가 생각하는 독일의 부에는 비옥한 토양에서 생산하는 포도와 밀, 그리고 목재와 광물이 포함됩니다. 몇몇 인용문을 통해 그의 생각을 살펴봅시다.

"연금술적인 수단을 써서 풍부한 광물을 순화純化하면 막대한 이익을 올릴 수 있다. 불과 소금을 이용해 비금속을 귀금속으로 바꿀 수 있다."

"국토의 대부분을 뒤덮고 있는 삼림도 국가의 이익을 위해 벌채할 수 있다."

"목재를 연소시키면 재에서 귀중한 소금이 발생하는데, 그 소금에는 주석酒石(타타르산수소칼륨)과 초석硝石(질산칼륨)이라는 소중한 상품이 포함되어 있다."

"초석은 의약의 재료이며 농민에게는 퇴비를 대신하기도 한다. 나아가 화약의 원료로도 없어서는 안 되므로 군대를 강화하는 데 도움이 된다."

"목재는 태우기 쉬운 만큼 내가 고안한 방법으로 압축해 수액을 짜내면 더욱 효율적으로 소금을 생산할 수 있고, 사회 구성원 대부분에게 도움을 줄 수 있다."

여기에서 이름을 거론한 학자들은 실로 자연을 마술적 존재로 보면서도 근대적 화학 실험을 지향하고 있었습니다. 그들은 자연을 활용해 독일 사회와 산업을 발전시킬 수 있다고 믿었습니다. 근세 독일에서 태어난 것이 어울리는 인물들이라고 하겠지요.

4장

합스부르크 군주국에서
독일제국으로

17세기 독일의 역사는 오스트리아와 프로이센 두 나라를 축으로 전개됩니다. 남과 북에 위치한 이 두 영방만이 다른 나라를 복속시켜 독일의 통일을 이루어 낼 가능성을 가진 세력이었기 때문입니다. 그것은 유럽 최대의 종교전쟁인 '30년전쟁'(1618~1648)의 결과로 전개된 상황이었습니다. 우선 30년전쟁에 관한 이야기부터 해보겠습니다.

30년전쟁

30년전쟁은 보헤미아 왕위에 오른 합스부르크가의 페르디난트 2세(1619~1637)가 프로테스탄트를 탄압하고 가톨릭 개종을 강요한 것이 불씨가 되어 일어났습니다. 그러나 이는 단순한 종교전쟁이 아니라, 그 밑바탕에 프랑스의 부르봉가와 오스트리아-스페인의 합스부르크가 사이에 불거진 대립이 깔려 있었습니다.

합스부르크가 편에는 교황, 이탈리아반도의 여러 국가, 폴란드가 가담했고, 반대편에는 프랑스, 네덜란드, 잉글랜드, 스칸디나비아반도의 여러 국가, 스위스 등이 규합해 처참한 전투를 벌였습니다. 17~18세기에는 프랑스가 가톨릭의 지도자가 되었고, 네덜란드 및 잉글랜드가 프로테스탄트의 우두머리가 되었습니다. 독일 내부의 종교 대립은 국외의 두 세력이 대립하는 양상과 관계를 맺으며 전개되었습니다.

합스부르크가 쪽에서는 보헤미아 귀족의 대장인 발렌슈타인 Wallenstein, 반대쪽에서는 덴마크 왕 크리스티안 4세Christian IV가 주역을 맡았는데, 다음 단계에서는 스웨덴 왕 구스타프 아돌프 Gustav Adolf가 북독일 프로테스탄트와 손을 잡고 눈부시게 활약했습니다. 그렇지만 승패를 결정지을 수는 없었습니다.

프랑스는 종교적으로 적대적인 프로테스탄트 쪽 구스타프 아돌프와 연합하면서까지 막후에서 은밀하게 움직이다가 1635년 5월 스페인에 선전포고하며 전면에 나섰습니다. 이에 더해 덴마크와 스웨덴이 대립하고 오스만제국이 개입하면서 상황은 더없이 복잡해졌습니다.

1648년에 겨우 베스트팔렌조약이 성립하자 프랑스는 오스트리아로부터 알자스 땅을 얻었을 뿐 아니라 로렌 지방의 주교령 세 곳도 손에 넣었습니다. 스웨덴도 북해, 발트해 연안을 획득했고, 네덜란드와 스위스는 완전한 독립을 인정받았습니다.

오랫동안 전쟁터였던 독일의 국토는 황폐해졌고 인구도 3분의 1 이상 잃었습니다. 많은 마을이 사라졌고 제국은 점점 유명무실해졌습니다. 독일은 프랑스와 스웨덴에 영토 일부를 넘겨주었을 뿐 아니라 300개 이상의 영방 제후와 제국 (자유)도시들이 자치권을 갖는다는 것이 베스트팔렌조약에서 재확인되었습니다. 또 개혁파(칼뱅파)가 루터파와 동등한 권리를 가지면서 가톨릭, 루터파, 칼뱅파가 주요 3종파로 자리 잡았습니다. 다른 종파도 일단 존재는 인정받았습니다.

프로이센 vs 오스트리아

17세기 후반부터 18세기에 걸쳐서는 프로이센(프로테스탄트인 호엔촐레른가)과 오스트리아(가톨릭인 합스부르크가) 양국이 '독일'의 장래 운명을 결정하는 패권 싸움을 펼쳤습니다.

15세기 이후 폴란드 서쪽 국경에 가까운 브란덴부르크 변경백 영지(겸 선제후 영지)는 호엔촐레른가의 영토였습니다. 원래 동쪽의 발트해 연안에 있는 프로이센공국이 같은 가문 출신인 독일기사단장 알브레히트Albrecht의 영토였기 때문에 1618년에 두 영토를 통합하기에 이르렀습니다.

1640년에 브란덴부르크 선제후인 프리드리히 빌헬름Friedrich Wilhelm(1620~1688)은 프로이센공국의 대개혁에 착수했습니다. 그는 우호관계를 유지하던 네덜란드인을 대거 이주시켜 척박한 토지를 풍요로운 경작지로 바꾸었습니다. 또한 프랑스에서 박해받는 위그노(프랑스 칼뱅파 프로테스탄트교도) 중에 유능한 기술자와 공장 경영자가 많다는 것을 알고, 그들을 대거 받아들여 공업과 무역을 활성화했습니다. 나아가 라인강 하류 연안의 작은 영지들을 병합하는한편, 베스트팔렌조약을 통해 마그데부르크 대교구와 포메렐렌(동포메라니아) 등도 얻었습니다.

1701년에 동프로이센의 쾨니히스베르크에서 선제후 프리드리히 3세가 초대 국왕 프리드리히 1세로 등극함으로써 프로이센왕국의 본래적인 역사가 시작되었습니다.

군사 대국화를 추진한 프로이센은 프리드리히 1세의 아들인 프리드리히 빌헬름 1세(재위 1713~1740)를 중심으로 부국강병을 꾀했습니다. 제후들의 일상적인 사치를 금해 실질적이고 검소한 기풍을 조성하는 동시에 8만 상비군을 정비해 훈련을 시켰습니다. 이렇게 국가의 권위가 높아지면서 관료주의적 군사 국가가 자리를 잡아 갔습니다.

아버지의 뒤를 이어 즉위한 프리드리히 2세(재위 1740~1786)는 나중에 '프리드리히 대왕'으로 불리는 인물로, 프로이센왕국을 강한 나라로 만드는 데 온 힘을 쏟으며(산업 육성, 상비군 증강) 그와 동시에 관용적인 정책을 펼쳤습니다.

그는 우선 합스부르크가 상속 문제에 관여해 오스트리아 광산 자원의 보고인 슐레지엔을 점령하고자 했습니다. 그로 인해 오스트리아와 세 차례에 걸쳐 슐레지엔전쟁(1740~1763)을 벌이게 됩니다. 프랑스는 프로이센을 지지했지만, 오스트리아를 다스리는 마리아 테레지아Maria Theresia(재위 1740~1780)는 영국, 네덜란드, 작센 등과 동맹을 맺었습니다.

1745년 프로이센은 슐레지엔 확보를 조건으로 마리아 테레지아의 남편인 로트링겐 공 프란츠 1세Franz I를 신성로마제국의 새 황

- 마리아 테레지아의 대관식

제로 인정했습니다. 그러자 3대 전 황제 요제프 1세Joseph I의 딸
과 결혼한 바이에른의 선제후 카를 알브레히트Karl Albrecht가 오스
트리아계승전쟁(1740~1748)을 일으켜 프랑스의 지지를 얻은 가운
데 왕위를 노렸습니다. 그러나 그의 기도는 실패로 끝나고 1748년
10월 엑스라샤펠(아헨)조약이 성립했습니다.

그 후 오스트리아와 프로이센 사이에 7년전쟁(1756~1763)이 발
발합니다. 이번에는 마리아 테레지아가 프랑스와 동맹을 맺었고
러시아도 참전했기 때문에 프로이센은 세 나라를 상대로 몇 번이
나 고배를 마시고 크나큰 손해를 입었습니다. 그런데도 국제 정세
가 프로이센에 유리하게 돌아갔습니다. 오스트리아는 재정난을 겪
으며 전쟁을 반대하는 분위기가 퍼졌고 왕이 급작스럽게 죽는 등
악재가 겹치면서 결국 프로이센이 승리를 거둔 것입니다. 그 결과
1763년에 후베르투스부르크Hubertusburg화약을 맺으며 프로이센
의 슐레지엔 점유를 확인했습니다.

프리드리히 2세는 중상주의를 추진하면서 앞서 말했듯 프랑스
의 위그노를 받아들여 금융업과 수공업을 발전시키는 동시에 융커
Junker*를 중시함으로써 국력을 키웠습니다. 나아가 1772년에는 러
시아를 견제하기 위해 오스트리아를 끌어들여 삼국이 폴란드 분할
을 꾀했고, 서프로이센, 에름란트(바르미아), 네체(노테치)강 중류 지
역을 프로이센으로 병합했습니다. 1778년에는 바이에른계승전쟁

*   농민 부역으로 영주 직영지를 경영하던 보수적인 귀족층 지주.

에도 가담했습니다. 관료 조직 정비, 군사 재편, 농업과 견직물 산업 육성, 법전 편찬, 사법 개혁 등도 단행했습니다.

그러면 오스트리아는 어떠했을까요? 오스트리아는 17세기까지 영방들 및 보헤미아와 헝가리 왕국의 집합체였습니다. 더구나 동서 양쪽에서 터키와 프랑스가 공격해 들어와 왕권 확립이 쉽지 않았습니다. 오스트리아는 30년전쟁으로 인해 세력과 권위가 현저하게 감소했지만, 거듭되는 오스만제국의 공격을 물리치고 1699년에는 헝가리 전역을 탈취합니다. 그 결과 광대한 오스트리아-헝가리제국을 성립해 옛날의 영광을 되찾습니다. 이와 더불어 국내의 정치와 행정 기구도 정비해 나갔습니다.

1711년에 요제프 1세가 갑자기 죽자 아우 카를이 황제로 즉위해 카를 6세(재위 1711~1740)가 됩니다. 그는 스페인 왕위를 둘러싸고 루이 14세의 손자 펠리페 5세Felipe V에 대항해 자신의 권리를 주장했습니다. 그러자 레오폴트 1세Leopold I(재위 1658~1705) 시대부터 시작된 스페인계승전쟁(1701~1714)에서 네덜란드와 함께 신성로마제국에 협력하던 영국이 적의 편에 붙어 대프랑스동맹에서 탈퇴해 버렸습니다. 1713년에 위트레흐트조약**이, 1714년에 라슈타트조약***이 체결되면서 카를 6세는 스페인 왕위를 단념할 수밖에 없었습니다.

남자 후계자가 없었던 카를 6세는 딸 마리아 테레지아에게 왕위

** 펠리페 5세를 스페인 왕으로 인정한 조약.
*** 스페인계승전쟁을 종결시킨 조약.

를 넘겨주기 위해 프라그마티셰 장크치온Pragmatische Sanktion*을 발표했습니다. 왕위 상속자로서 사실상 여제가 된 마리아 테레지아는 앞에서 말했듯, 프로이센에 슐레지엔을 빼앗기기는 했지만 국내를 튼실하게 통치하고 군사, 재정, 행정을 개혁했습니다. 또한 그녀는 자녀를 열여섯이나 낳은 것으로도 유명합니다. 프랑스의 루이 16세와 결혼한 마리 앙투아네트Marie Antoinette는 마리아 테레지아의 아홉 번째 자식이었지요. 남편 프란츠 1세 사후에 장남 요제프 2세(재위 1765~1790)와 공동 통치를 시작한 마리아 테레지아는 농민도 인간적으로 대우하기 위해 부역을 경감시켜 주었고, 예수회를 해산했으며, 산업 육성에도 힘썼습니다.

어머니의 영향을 받은 아들 요제프는 계몽전제군주로 알려져 있지만, 성질이 급해 개혁에 실패했을 뿐 아니라 영지 회복과 확대도 생각만큼 성공적으로 해내지 못했습니다.

프로이센과 오스트리아 외에도 작센, 하노버, 바이에른 등의 영방이 중상주의 정책을 써서 경제력을 키웠습니다. 가톨릭이 압도적인 남부의 오스트리아와 대부분이 프로테스탄트인 북부의 프로이센이 실로 백중지세를 이루면서 독일 통일의 주도권을 두고 경합했습니다.

---

*   여성의 왕위 상속을 인정하지 않는 독일 법에 대해 마리아 테레지아를 특별 상속인으로 정한다는 내용으로 제국 내 영방과 유럽 열강의 승인을 얻었다.

영방 안의 도시

30년전쟁 후 공작령, 백작령, 기사령, 제국 도시, 주교령, 수도원령 등 1,800개에 달하는 영방들이 즐비하게 난립하는 영방 분립주의 체제가 자리를 잡아 갔습니다. 영방마다 법체계가 달랐을 뿐 아니라 각종 관세 때문에 상업의 발전이 원활하지 않았습니다. 영방 군주는 이런저런 관세를 붙여 힘들이지 않고 주머니를 채웠지만, 상인을 비롯해 일반 시민의 생활은 매우 곤란했습니다. 제후들은 각자 나름대로 영방을 '절대왕정 국가'처럼 강성한 나라로 만들고 문화의 중심지로 발돋움하고자 노력했습니다. 물론 어디까지나 자신들이 손해 보지 않는 범위 내에서 노력했다는 뜻입니다.

당연하게도 도시의 자율성과 자유도 억압당했습니다. 도시 재무관이 영방 군주의 감찰관 자격으로 도시 안에 들어왔기 때문입니다. 영방 군주의 개입은 강력했습니다. 군주는 도시 경제를 좌우하는 군복과 무기 산업을 주무를 수 있었고, 군사 재판권을 통해 시민의 생활을 간섭할 수도 있었습니다. 정치에 관여하는 것은 귀족뿐이고, 일반 시민은 교사, 재판관, 목사, 또는 낮은 직급의 관리가 되는 것이 고작이었습니다.

본래 종교개혁의 방향은 도시 자치를 활성화하는 것이었습니다. 하지만 결국 영방 도시는 제후처럼 종파 선택권을 인정받지 못한 채 외부의 위협을 받으면서 정치적으로 약화되었습니다. 많은 영방은 신분제에 따른 사회 질서를 유지하면서 공공복지라는 명분 아래 농민, 수공업자, 소시민의 일상생활까지 엄중하게 감시하고 규제했던 것입니다.

감자 대왕

프로이센은 독일 통일에 있어 중심적인 역할을 해냈습니다. 그런 점에서 왕국의 2대 왕인 프리드리히 대왕에 대해 조금 살펴봅시다.

강건한 부왕 프리드리히 빌헬름 1세와는 대조적으로 프리드리히 2세는 프랑스 문학을 애호하고, 음악을 사랑하며, 철학자 볼테르와 친분을 맺은 문인이기도 했습니다. 계몽전제군주로서 신민을 어여삐 여겨 행복한 삶을 보장해 주는 것이 자신의 최대 사명이라고 여겼습니다. 그는 학예를 장려하고 종교적으로도 관용을 베풀었습니다. 베를린 교외의 포츠담에는 프랑스의 베르사유궁전을 본뜬 상수시궁전을 세웠습니다. 프리드리히 대왕은 부드럽고 온화한 인물이었을 뿐 아니라 앞에서 서술했듯 현실 정치가로서 정치와 군사 방면에서 지도력을 발휘했습니다.

특히 주목할 점은 프리드리히 대왕과 감자의 관계입니다. 남미에서 스페인과 이탈리아로 건너온 감자를 17세기 말부터 독일에서도 재배하기 시작했습니다. 처음에는 약용이나 감상용 또는 돼지 사료로 쓰였습니다. 그러다가 30년전쟁 이후 농지를 잃고 비참한 지경에 빠진 농민들이 빈번하게 굶주림에 시달리면서 그때까지는 거들떠보지도 않던 영양가 높은 감자를 재배하기 시작했습니다. 이

- 감자 재배 농가를 시찰하는 프리드리히 대왕

리하여 감자는 독일 서남부에서 서서히 전국으로 퍼져 나갔습니다.

다른 영방 군주도 마찬가지였지만, 프리드리히 대왕은 감자 보급으로 농민을 구제하고 프로이센의 국력을 강화할 수 있다는 것을 직감했습니다. 그는 부친 프리드리히 빌헬름 1세를 본받아 농가에 감자를 심도록 장려했습니다. 나아가 씨감자를 무료로 나누어 주고 감독관이나 병사를 시켜 파종부터 수확까지 엄격하게 관리함으로써 감자를 강제적으로 보급했습니다.

그는 1756년 3월 24일 프로이센의 관리 전원에게 '감자령'을 선포했습니다. 그 내용을 살펴보면, 프리드리히 대왕이 감자 재배의 장점, 즉 영양가와 이용 가치가 매우 높고 수확량이 노동량에 비례한다는 사실을 농민에게 이해시키며 파종을 권장했다는 것, 농민에게 재배 방법을 가르쳤을 뿐 아니라 농사가 제대로 이루어지는지도 감시하게 했다는 사실을 확인할 수 있습니다.

이렇게 왕이 몸소 지시를 내린 것에 더해, 농민 가까이에 있는 영주나 지식인의 계몽, 재배 방법 등을 적은 소책자 배포, 나아가 기술 혁신과 농지 확대를 통해 프로이센 전역에 감자 보급이 이루어지자, 농민뿐 아니라 병사들도 감자를 즐겨 먹기에 이르렀습니다.

백과전서파에 속하는 사전 편찬자 J. G. 크뤼니츠Krünitz(1728~1796)도 감자의 장점과 좋은 품질을 강조하며 감자 심기를 장려했습니다. "감자는 고기, 생선, 수프 등 무엇에나 다 잘 어울리고, 매일 먹어도 질리지 않는 서민의 만나(천국의 빵)다." 그는 이렇게 역설했습니다. 감자는 그때까지 곡류 부족으로 굶주렸던 가난한 사람들에게 실로 복음과 같았지요. 나아가 군대를 강화하고 산업혁명까지 가능하게 해 준 먹을거리였는지도 모릅니다.

감자 이야기를 좀 더 해 볼까요? 감자는 독일어로 보통 카르토펠Kartoffel이라고 합니다. 그런데 프랑스에서 감자를 폼드테르pomme de terre, 즉 '대지의 사과'라고 부르듯, 독일에도 감자를 가리키는 표현 중에 뜻이 같은 에르다펠Erdapfel이라는 말이 있습니다. 에르다펠이 더 일반적으로 통용되는 지역도 있으며, 송로를 가리키는 이탈리아어 타르투포tartufo에서 파생한 카르토펠보다 더 적합하다고 말하는 사람도 있습니다. 어느 쪽이든 대지와 일체가 되어 성장하는 감자는 자연의 생명력이 베푸는 은혜로운 식재료입니다. 특히 독일 음식에 잘 어울리는 상징적인 먹을거리지요.

독일인이라고 해서 감자와 소시지만 먹는 것은 아니겠지만, 이두 가지 음식이 독일 요리를 대표하는 것은 사실입니다. 프로테스탄트는 대식이나 미식을 낭비라고 죄악시하며 간소한 식탁을 권장했습니다. 따라서 유럽에서 미식 문화가 꽃을 피운 곳은 아무래도 가톨릭 지역일 것입니다. 미식에 적대적인 프로테스탄트의 영향으로 독일 가정에서는 16세기 이후 맛없는 식탁이 차려졌습니다. 그런 가운데 감자와 소시지는 영양가도 높고 조리법에 따라 다양한 요리가 가능한 재료로 사랑받았습니다. 지금도 독일에서 감자는 샐러드, 수프, 으깬 감자, 포메스 프리테스Pommes Frites(감자튀김) 같은 곁들이와 팬케이크 같은 과자 등 다양한 방식과 형태로 쓰이는 만능 재료입니다. 독일인 한 사람당 감자 소비량은 1년에 무려 60킬로그램 정도라고 합니다.

시민 문화가 싹튼 19세기에도 독일에서는 간소한 요리를 권장했습니다. 프랑스와 정반대지요. 간소한 식사는 20세기 나치즘 아래에서 거의 신앙 차원에 이르렀습니다. 다양한 재료를 그저 푹 삶은 것, 즉 감자와 다른 채소, 콩류나 면, 때로는 고기를 넣은 스튜인 아인토프Eintopf는 본디 독일 시골에서 주로 먹는 음식이었고, 일반적으로 근검절약의 상징이기도 했습니다. 그런데 나치 시대에 이르러 이 아인토프가 '독일 민족 결속의 징표'이자 언제 어디서나 '총

통과 똑같이 먹는 국민 음식'으로 추앙받았다고 합니다.

지금도 독일 북부에서는 겨울이 되면 그륀콜Grünkohl(케일), 소시지, 감자 등을 같이 넣고 삶은 그륀콜에센Grünkohlessen이라는 요리를 먹는 풍속이 있습니다. 이 요리를 먹기 위해 추운 날씨에 레스토랑이 있는 호텔까지 걸어가는 것을 콜파르트kohlfahrt, 즉 '케일 도보 여행'이라고 부릅니다. 손수레에는 알코올음료를 충분히 싣고, 살을 에는 추위를 이기기 위해 도중에 공놀이를 하면서 흥을 돋우기도 합니다.

이 풍속 행사는 케일 왕Kohlkönig 또는 케일 부부 왕Kohlkönigspaar을 선출하면서 절정에 다다릅니다. 케일 왕(부부 왕)은 여행 중 게임 결과와 그륀콜에센을 먹은 양으로 결정됩니다. 왕으로 뽑힌 사람은 이듬해 이 행사를 주최하고 준비해야 합니다. 마치 한겨울의 반더포겔Wandervogel*처럼 험한 자연과 대지를 만끽하는 습속이 잘 드러납니다.

독일 계몽주의의 한계

프로이센의 프리드리히 2세와 오스트리아의 요제프 2세는 계몽전제군주로 알려져 있습니다. 프리드리히 2세는 고문을 폐지하고 사형 집행을 줄이는 등 인권 신장을 위해 노력했습니다. 요제프 2세

---

* '철새'(반더포겔)처럼 산과 들을 다니며 심신을 단련하고 자연과 조국에 대한 사랑을 키우는 운동.

는 농노제를 폐지하고 언론의 자유를 보장했으며, 종교적 관용 정책을 펼치는 동시에 수도원 해체를 단행했습니다.

그러나 이러한 정치적 계몽주의는 사회에 널리 침투하지 못했습니다. 처음부터 계몽전제군주 자신이 귀족, 시민, 농민 같은 '신분제'의 정당성을 손톱만큼도 의심하지 않았을 뿐 아니라 특권을 갖고 태어나 왕의 통치를 돕는 고급 관리나 장교 같은 귀족들의 이익을 삭감하면서까지 농민을 보호하거나 세습 농노제를 폐지하려고 하지도 않았기 때문입니다.

독일의 숙적 프랑스는 어떠했을까요? 프랑스에서는 '개인의 자립과 자유 정신을 기본으로 삼아 국가를 개혁해 가는' 계몽주의를 폭넓은 계층의 사람들이 소중한 가치로 여겼습니다. 프랑스혁명의 토대가 된 것이 바로 계몽사상이었지요. 프랑스는 국가와 교회를 분리하고 종교가 시민의 생활을 구속하지 않도록 주의를 기울였습니다. 사람들이 자유로운 합의를 통해 정한 법을 준수했고, 민족보다는 법이념이야말로 국가 체제를 결정한다는 사고방식도 철저했습니다. 사회는 시민의 통일체였고, 국가의 법을 지키고 공화정과 민주제를 따르는 자라면 누구라도 국가에 속할 수 있습니다. 프랑스에서는 법 정신에 따라 시민과 공동체라는 영역을 확립한 것이 공공성의 기초가 되었습니다. 영국도 마찬가지입니다.

그러나 독일에서는 사정이 확연히 달랐습니다. 우선 '신앙에 의해서만 인간은 구원받는다'고 역설한 루터주의가 신분제에 맞추어 수용된 반면, 고전적 교양 또는 그것에 기반을 둔 시민의 이념에는 냉담했습니다. 독일 영방들의 정치 체제가 민주적인 국가 의식을 키워 오지 않았기 때문입니다.

그 대신 '국가의 담당자는 시민이 아니라 민족'이라는 신화가 만들어졌습니다. 종교전쟁의 소용돌이 속에서 제후와 황제가 대립했고 제후들도 제각각이었기 때문에 국가의 통일은 훨씬 나중에 이루어졌습니다. 하지만 여러 영방들로 나뉘어 있고 종교적으로 확연히 둘로 분열했어도 독일은 근원적으로 하나라고 주장하는 민족 전통, 바로 게르만의 혼을 계속 지니고 있었습니다. 그들은 라틴 정신이나 그리스 정신으로 돌아가지 않았습니다. 다른 나라의 형식이나 강요된 질서가 아니라, 그들의 대지와 자연에서 생겨난 전통적 습속만 믿으면 충분하다고 여겼지요.

이리하여 계몽주의, 합리적 사고, 로마법 이념과 거리가 있던 독일은 당연하게도 로마가톨릭교회와 라틴 문화를 중심축으로 삼아 중앙집권제를 구축한 프랑스와 수시로 날카롭게 대립했습니다.

물론 독일이 근대에 들어와서까지 고전적인 교양을 줄곧 도외시한 것은 아닙니다. 독일철학은 그리스철학을 출발점으로 삼고 있지요. 또한 김나지움(중등학교)에서는 그리스와 라틴 고전어를 중점적으로 교육했습니다.

다만 독일의 대학은 국가 관직을 비롯한 자격을 취득하는 곳이었습니다. 독일인에게 고전적 교양 교육은 테크노크라트(기술 관료)가 되기 위한 준비이자 국가에 종속된 것이었습니다. 말하자면 좀더 나은 시민사회를 형성하는 추진력은 되지 못했던 것입니다.

계몽주의 시대의 가정과 조직

그럼에도 독일에는 독일 나름의 '계몽주의'가 있었다는 것을 잊어서는 안 됩니다. 18세기에 들어오면 충분하지는 않다 해도 프랑스의 영향을 받아 독일에도 계몽주의가 밀려들어 옵니다. 각 영방의 중소 도시는 계몽사상을 전파하는 거점이었습니다. 예술가, 목사, 교사, 우편국장 등이 주최하는 독서 모임과 카페, 살롱 등이 줄줄이 들어섰고 귀족, 성직자, 상류 시민이 공통의 취미를 매개로 한데 묶였습니다. 이것은 미약하나마 시민이 시민의 정치를 만들어 간다는 희망을 품은 연대였습니다.

계몽주의 시대에 가족의 형태와 가족관도 변모했습니다. 가문과 가족은 생산 활동의 거점에서 사랑과 인간성으로 결합한 감정의 공동체로 변했고 일터와는 단절되어 갔습니다. 집 안에는 사생활 확보와 별도의 사용 목적에 맞는 방이 만들어졌습니다. 그러나 가족이 마음 편하게 있을 곳을 추구하면서 여성은 집 안에 갇혔습니다. 남성들이 마음 편히 쉴 수 있게 해 주는 순종적이고 순진하고 순수한 여성을 바람직하다고 여겼기 때문입니다.

청년이 높은 자리에 오르기 위해 주요 시설을 방문하며 저명한 학자, 예술가, 기업인을 만나고 다니는 수양 여행이 관행으로 자리 잡은 것도 이 시대입니다. 이러한 관행은 국민국가로서 통일을 이루지 못한 독일이 정보망을 형성하고 확장할 수 있는 기회와 인연을 마련해 주었습니다. 이에 여행서 출판이 성황을 이루었지요. 여행의 안전성이 높아지고, 대중교통인 역마차를 정비한 것도 수양 여행에 보탬이 되었습니다. 인격 도야, 교양 향상, 그리고 다른 세계에 대한 시야 확장 같은 덕목으로 여행의 가치를 적극적으로 평가했습니다.

궁정이나 도시에서 문화를 소비하고 인생을 즐기려는 태도가 생겨나면서 문학, 음악, 연극 활동이 활발해졌습니다. 동시에 영국풍이나 프랑스풍에 관심을 갖는 사람이 늘어나 서랍 달린 장롱, 안락의자 등 새로운 가구를 찾는 수요도 늘어났습니다. 테이블 종류도 늘어나고 촛대, 거울, 도자기 식기, 커튼, 블라인드, 회화 등 부르주아 취미에 맞는 풍요로운 주택 문화가 생겨났습니다.

영국식 풍경 정원도 조성해 과수원, 온실, 채마밭, 관목림, 그로테Grotte(인공 동굴), 연못 등에 다종다양한 수목을 심고 화분으로 꾸몄습니다. 이리하여 새로운 시민 계층은 어느 영방에서 생활하든지 비슷한 취미와 문화로 결속되었습니다.

프랑스와 달리 독일에서는 반동 정치가 강화되면서 계몽주의는 취미에 머무를 뿐, 공공 영역에서는 정치적 비판 기능을 발휘하지 못했습니다. 이러한 경향은 문학을 보면 확실히 알 수 있습니다. 자세한 이야기는 다음 장으로 미루겠지만, 19세기 프랑스 문학에는 사회문제와 리얼리즘이 필수적이었던 반면, 독일 문학은 개인의 안온한 인간관계 또는 자연 감상에 치중했습니다. 한마디로 독일에도 계몽주의가 영향을 주기는 했지만, 시민들의 자유로운 정치적 논의가 결여된 탓에 취미의 영역을 벗어나지 못했습니다.

19세기 독일은 급격한 경제 성장과 공업화 및 도시화의 물결에 휩쓸렸습니다. 노동자의 노동 환경도 기계화에 따라 단조로운 작업 위주로 바뀌었고, 임금노동자와 샐러리맨이 증가해 기업의 노사 관계도 변했습니다. 따라서 종래 시골에서 통용되던 가치관이나 사회의식, 행동 규범으로는 사회 변화에 대응할 수 없었지요.

이러한 가운데 사람과 사람 사이의 결합과 연대를 드러내는 새로운 조직으로서 '협회', '조합', '연맹', '동호회' 같은 자주적인 단체가 우후죽순처럼 생겨났습니다. 이런 모임들은 20세기 초까지 가족과 이웃을 대신해 서로 돕고 감정을 교류하고 함께 오락을 즐기는 역할을 담당했습니다.

독일 땅을 떠나는 농민들

다시 시대를 살짝 거슬러 올라가 보겠습니다. 엘베강 동쪽은 근세이후 군주(변경백, 선제후)의 힘이 약해진 반면 귀족 세력이 강해졌습니다. 이른바 14~15세기의 영주제 위기로 토지와 마을이 황폐해지고 농민이 감소하는 문제와 맞닥뜨리자 이 지역에서 영주제 지배가 다시금 강화된 것입니다.

프로이센의 귀족은 16세기에 곡물 생산과 판매에 직접 관여해 막대한 이익을 올림으로써 융커, 즉 농업 기업가로 변신했습니다. 그들은 농민의 토지 보유 권리를 파기하고 직영지를 확대했습니다. 그리고 농민을 오막살이 빈농으로 만들어 버리거나 부역을 무제한으로 늘리거나 농민의 아이에게 강제로 고용살이를 시켰습니다. 이렇게 해서 구츠헤어샤프트Gutsherrschaft(대농장 제도)가 실현됩니다. 프로이센을 중심으로 엘베강 동쪽의 독일 영방 이외에 폴란드, 보헤미아, 헝가리에서도 비슷한 일이 벌어졌습니다.

18세기에 들어오면 농장의 규모는 확대되고, 농촌 하층민 가정의 남자아이들 다수가 노동력으로 고용됩니다. 영국에 수출할 곡물을 생산하기 위해 대농장 규모는 더욱 커졌습니다. 노동자 고용 형태는 1년 단위로 일가족을 고용하고, 할당된 토지의 수확물이나 곡물의 일정 비율을 받아 갈 수 있다는 독특한 조건이었습니다. 부부 동반 고용일 경우 숙소도 주어지기 때문에 노동자들은 적극적으로 결혼했지만, 1년 단위로밖에는 생활을 보장받지 못했습니다.

한편, 엘베강 서쪽은 처음부터 동쪽보다 농민의 자유가 보장된 편이어서 영주에게 지대를 화폐 및 현물로 지불했을 뿐, 부역 노동은 바치지 않았습니다. 19세기에는 '농민해방' 분위기 속에서 토지 소유권을 농민에게 양도하는 정책을 대규모로 추진했지만, 수입 감소를 꺼린 귀족 때문에 지대를 갚기가 엘베강 동쪽보다 훨씬 나빴습니다. 단기간에 갚을 수 없는 금액이라 농민들은 수십 년 동안 연부로 상환해야 했습니다. 영방에 따라서는 농촌 신용금고를 설립해 농민의 지대 상환을 돕는 곳도 있었지요. 그러나 도저히 견딜 수 없어진 남서부 독일의 농민은 이윽고 1848~1849년에 봉기를 일으켰습니다. 봉기는 진압되었지만, 결과적으로는 농민들이 신대륙으로 대거 이민을 떠나는 상황이 벌어졌습니다.

숲 되살리기

독일은 기후로 보나 지세로 보나 자연의 혜택을 받은 까닭에 고대와 중세에는 울창한 숲이 끝없이 펼쳐져 있었습니다. 그러나 서기 1000년쯤부터 유럽 전역에서 삼림 벌채와 개간이 이루어지자 숲은 황폐해 갔습니다. 농업이 발달하고 밀 등의 생산량이 급증하면서 인구도 증가했지만, 그것이 삼림의 희생을 바탕으로 이루어진 성과라는 것은 분명합니다. 숲에 방목한 돼지들이 잡초 군락을 망가뜨린 것도 수목이 성장하는 데 방해가 되었습니다.

중세 말 이래 개간으로 삼림이 줄어드는 것을 농민 탓으로 돌리는 영방 군주에 대해, 농민들은 이렇게 주장했습니다. "우리는 고유한 이용 규칙을 지키며 필요에 따라서 나무를 베었을 뿐이다. 지나치게 늘어난 야생동물을 사냥하는 것은 자연에 해를 끼치기는커녕 다양한 종류의 수목들이 생장하는 것을 돕는다." 그리하여 각 지방의 농민들은 삼림 협동조합을 결성했습니다.

그렇게 했음에도 근세로 들어올 무렵에는 삼림이 상당히 피해를 입었습니다. 이는 농민들 탓이라기보다는 공업이 발전하면서 연료용 목재가 대량으로 소비되기 시작한 탓이겠지요. 광석을 제련하고 도자기와 유리를 만들고 소금을 정제하기 위해 엄청난 목재를 태워야 했습니다. 17세기 말부터 18세기에 걸쳐서는 인구가 급증하면서 숲을 남벌하다 보니 삼림이 급격히 줄어들었습니다.

이에 삼림학자와 임무관林務官이 등장해 경종을 울리며 삼림 복원에 대한 계획을 세웠습니다. 그리고 엄청난 노력을 들여 황폐해질 대로 황폐해진 숲을 복원하기에 이르렀습니다. 작센의 관방학자이자 상급 광산국장인 한스 카를 폰 카를로비츠Hans Carl von Carlowitz(1645~1714) 등이 삼림을 보호하고 재생해야 한다고 호소했습니다.

다만 18세기에는 나무를 심기는 했어도 성장이 늦은 활엽수(물참나무, 너도밤나무 등) 대신 성장이 빠르고 어느 토양에서나 잘 자라는 침엽수(가문비나무, 전나무)만 심었기 때문에 어느 정도 자라나면 일제히 베어 내는 일이 되풀이되었습니다.

특히 독일에서는 다방면에 쓰이는 목재라고 해서 가문비나무만 계속 심었습니다. 그 결과 병충해가 발생하고 지력이 떨어지며 나무가 썩어 쓰러지는 등 문제가 발생하고 맙니다. 일본에서 삼나무만 심어 온 것도 이와 비슷합니다.* 이러한 문제를 깨달은 임무관과 삼림학자가 삼림 전체의 보전과 경관 보호를 위해 올바른 나무 심기 방법을 숙고하기 시작했습니다. 이에 대해서는 6장에서 자세히 살펴보겠습니다.

---

* 전후 일본은 황폐한 삼림을 새롭게 조성하기 위해 성장이 빠른 삼나무를 전국에 심었고 본토 삼림의 20퍼센트 이상을 삼나무가 장악했다. 삼나무는 봄이 되면 강한 알레르기를 일으키는 꽃가루를 날리는데, 삼나무로 인해 많은 일본인이 알레르기를 앓고 있으며 이로 인해 지출되는 의료 비용이 수조 원에 이른다고 한다.

5장

산업 발전과 자연의 선물

이웃 나라 프랑스가 강대한 주권을 토대로 재빨리 통일국가를 수립한 데 비해 독일의 통일은 훨씬 뒤처졌습니다. 그리하여 도시국가로 분열되어 있던 이탈리아보다도 훨씬 늦은 1871년이 되어서야 겨우 통일이 실현되었습니다. 통일의 기운은 프랑스혁명의 대응책을 찾는 과정에서 생겨났는데, 오스트리아와 프로이센의 패권 싸움이 늦게 결판나는 바람에 우여곡절을 거쳐 겨우 통일을 달성한 것입니다. 앞으로 그 과정을 더듬어 보겠습니다.

열매 맺지 못한 사회 개혁

1789년 프랑스에서는 대혁명이 발발했습니다. 시민들이 오랜 세월에 걸쳐 절대적인 권력을 휘둘러 온 왕과 특권계급인 봉건영주를 타도하고 나섰습니다. '자유, 평등, 우애'라는 표어 아래 모든 시민이 권리를 주장한 것입니다.

위로부터의 통제를 강요하는 독일의 영방, 특히 프로이센과 오스트리아는 프랑스 시민들의 자립적인 움직임이 독일에 전염되는 것을 바라지 않았습니다. 그래서 프랑스 혁명정부에 전쟁을 포고하고 영국 등과 보조를 맞추어 프랑스혁명에 개입했습니다.

프로이센은 승리를 낙관했지만, 1792년 9월 20일 발미 전투에서 크게 패합니다. 폴란드 분할 문제에만 매달려 온 프리드리히 빌헬름 2세(재위 1786~1797)는 온건해진 프랑스 정부와 조약을 맺고 라인강 왼쪽 땅을 프랑스에 넘겼습니다. 오스트리아는 영국과 더불어 프랑스혁명의 주역이었던 자코뱅파와 계속 싸움을 벌였습니다. 하지만 나폴레옹 보나파르트가 이탈리아에서 연전연승했기 때문에 1797년에 캄포포르미오(캄포포르미도)에서 강화조약을 맺을 수밖에 없었습니다.

그러나 300개 이상의 영방이 분립한 상태였던 독일은 언어, 법제, 행정이 제각각이었고 기껏해야 연방제적인 성격만으로 묶여 있는 상태에 만족했기 때문에, 결과적으로 프랑스혁명의 이념은 거의 퍼지지 않았습니다. 시민과 노동자들이 연대해 아래로부터의 혁명을 일으키려고 하지 않았던 것입니다.

사회 개혁의 움직임도 정치가들이 의도한 위로부터의 개혁이었습니다. 낡은 봉건제와 영주제가 독일의 힘을 약화한다고 판단한 주요 영방에서는 자유화와 사회 개혁으로 근대화를 추진해야 한다는 사고방식이 싹텄습니다. 라인연방을 구성하는 여러 나라를 시작으로, 로렌츠 폰 슈타인Lorenz von Stein, 카를 아우구스트 폰 하르덴베르크Karl August von Hardenberg, 게르하르트 요한 다비트 폰 샤른호르스트Gerhard Johann David von Scharnhorst, 빌헬름 폰 훔볼트Wilhelm von Humboldt 등 저명한 개혁 정치가들을 낳은 프로이센이 그 뒤를 이었습니다.

하지만 이들의 개혁은 거의 결실을 맺지 못하고 시들어 버립니다. 그들은 훌륭하게도 법 앞의 인간 평등, 체복 영주제 폐지, 사법 근대화, 관세와 조세 개혁, 교육 개혁, 시민군 창설, 농노제 폐지, 도시 자치, 영업의 자유 등을 외쳤습니다. 하지만 실제로 시민들이 이와 관련한 입법에 참여하려고 하자 귀족들이 방해하고 나섰습니다. 시민들은 영방 안의 개혁조차 이뤄 내지 못하는 상태였기 때문에 주역으로 나서서 독일의 통일을 이룰 수 없는 것이 당연했습니다. 이 나라에서는 제후와 영주 들이 주관하는 위로부터의 결정과 조정에 의해 민족적 통일이 간신히 이루어졌을 뿐입니다.

이는 곧 '새로운 연방'이 여러 차례 결성과 해체를 반복했다는 뜻이기도 합니다. 우선 1805년 오스트리아는 나폴레옹이 이끄는 황제군과 전쟁을 벌였는데, 독일 내 대다수 영방들이 배신하는 바람에 패배하고 맙니다. 1806년에는 '신성로마제국'이 해체되어 영방이 약 40개로 정리되었고, 동시에 나폴레옹을 보호자로 내세운 16개 영방이 '라인연방'을 결성합니다. 그러나 대부분은 중소 영방이었고, 프로이센, 오스트리아, 브라운슈바이크, 헤센은 빠져 있었습니다.

같은 해 예나 전투에서 나폴레옹에게 참패한 프로이센은 틸지트 조약(1807)으로 영토와 주민 절반을 빼앗기고 맙니다. 배상금도 거액에 달했을 뿐 아니라 나폴레옹이 영국을 상대로 발령한 대륙봉쇄령도 프로이센 경제를 마비시켰기 때문에 시민들을 고통으로 몰아넣는 결과를 낳았습니다.

나폴레옹이 불러일으킨 애국심

나폴레옹이 점령한 수도 베를린에서는 1807년부터 이듬해까지 철학자 요한 고틀리프 피히테Johann Gottlieb Fichte(1762~1814)가 「독일 국민에게 고함」이라는 유명한 강연을 펼쳤습니다. 피히테는 그때까지 영방을 자신의 조국이라고 여기던 사람들에게 드높은 독일 정신을 깨닫고 독일인 전원이 조국애를 품어야 한다고 힘주어 말했습니다.

그 후 나폴레옹이 러시아 원정에 실패하자 1813년 10월 라이프치히 교외에서 프로이센, 오스트리아, 러시아, 스웨덴, 영국 연합군이 나폴레옹 군대를 격파했습니다. 유럽의 새 지도를 확정하기 위해 빈회의(1814~1815)가 열렸지요.

당시 프로이센은 라인강 좌우 기슭의 베스트팔렌을 획득해 부강해지는 동시에 독립국가 연방으로서 독일의 통일을 이루고자 했습니다. 하지만 오스트리아의 외상 메테르니히(1773~1859)가 이에 반대했습니다. 1815년 6월 '독일연방'이 일단 성립하지만, 이것은 오스트리아와 프로이센을 비롯한 39개 주권국 및 도시의 연합체일 뿐 실제적인 효력은 별로 없었습니다. 연방의회가 제대로 기능한 것은 두 강대국인 프로이센과 오스트리아의 이해관계가 일치할 때뿐이었기 때문입니다.

그렇지만 그때까지 지방, 영방, 도시에 대한 일체감은 있어도 '독일인 의식'은 없던 나라에서 나폴레옹에 대항하는 해방전쟁

(1813~1814)이 처음으로 본격적인 애국심을 불러일으킨 것은 사실입니다. 피히테의 호소가 공감을 얻기 시작했던 것입니다.

통일 제국의 탄생

통일의 물꼬는 뜻하지 않은 곳에 숨어 있었습니다. 바로 '관세 장벽'입니다. 각 영방은 영토 문제로 다투면서 체제를 견고하게 정비하고자 했습니다. 그러기 위해서는 경제와 산업을 촉진하고 그것을 가로막는 요인을 제거해야 했습니다. 39개 영방의 각기 다른 화폐와 관세 제도가 자유로운 경제 활동에 장애가 되었던 것입니다. 영방 사이의 관세 장벽 때문에 농산물 가격이 뛰고 기근의 고통이 심화되었습니다. 더욱이 영방 안에도 많은 관세가 있었습니다.

1818년에 우선 프로이센이 관세법을 공표하고 국내 관세를 폐지했습니다. 다른 나라도 이에 가세해 1834년에 18개 영방이 관세동맹을 결성했고 서서히 확대되었습니다. 오스트리아 등의 저항도 있었지만. 1842년에는 39개 영방 중 28개가 '독일관세동맹'에 참여했습니다. 그 뒤 머지않아 프랑스 2월혁명의 영향으로 헌법 개정과 독일 통일에 대한 요구가 끓어오르면서 출판의 자유, 재판의 자유, 결사의 권리 등을 소리 높여 요구하기에 이르렀습니다(3월혁명). 1848년 각 영방에서 선거를 통해 600명가량의 의원이 선출되었고, 5월 18일 프랑크푸르트의 파울Paul 교회에서 헌법 제정을 위한 국민의회가 열렸습니다.

그러나 의회는 보수파에서부터 민주주의적 급진파까지 분열되어 있었던 탓에 실제로 헌법을 제정하는 단계에서 더 나아가지 못했습니다. 프랑크푸르트 국민의회 가운데 대독일파는 독일계 오스트리아가 합스부르크 군주국에서 이탈해 다른 영방과 합칠 것을 원했고, 소독일파는 오스트리아를 배제한 독일 영방들만의 통일을 원했던 것입니다.

1849년 3월 27일 프랑크푸르트 국민의회에서 소독일파가 승리함으로써 독일의 여러 나라를 연방제로 묶고 제국 헌법을 제정해 프로이센 왕을 세습 황제로 삼기로 했습니다. 그러나 당시 프로이센의 국왕이었던 프리드리히 빌헬름 4세는 베를린에 도착한 의회 대표단의 뜻을 매정하게 거부했기 때문에 독일의 통일 헌법은 서랍 안에 처박히고 말았습니다.

그 후에도 민중의 봉기나 저항운동이 각지에서 일어났지만 구체제의 역습으로 탄압을 당했습니다. 그리하여 3월혁명의 성과 중 태반은 허사가 되고 각 영방의 헌법은 반동적으로 수정되었습니다. 결국 1850년에는 독일연방이 부활했습니다.

그 후 독일연방의 거듭되는 혼란 속에 통일은 점점 더 멀어지는 듯했습니다. 그러나 독일이 공업 국가로서 경제 성장을 이루자 시민들은 자유주의에 눈뜨고 정치적 의식이 고양되었습니다. 이런 분위기에서 1861년에는 독일진보당이 결성되어 곧바로 의회 제1당이 됩니다. 그러자 1862년에 빌헬름 1세 치하 수상 겸 외상으로 임명된 오토 폰 비스마르크Otto von Bismarck(1815~1898)가 진보주의

- 프로이센·오스트리아전쟁 후 비스마르크를 양치기(오른쪽)에 비유한 풍자화

적 세력에 맞서 철혈정치를 단행하고 자유주의를 억압했습니다.

그는 내정에 대한 불만으로부터 시선을 돌리려고 덴마크와 전쟁 (1864)을 벌였습니다. 그 결과 덴마크로부터 슐레스비히-홀슈타인을 넘겨받았습니다. 처음에는 프로이센이 슐레스비히를, 오스트리아가 홀슈타인을 통치했습니다. 그러다 프로이센·오스트리아전쟁 (1866)에서 승리한 프로이센이 오스트리아가 다스리던 홀슈타인을 탈취했습니다.

패배한 오스트리아는 '독일' 무대에서 사라져야만 했습니다. 독일연방은 해체되었고, 그 대신 마인강 북쪽의 독일 영방국가 전체를 포함한 북독일연방이 들어섰습니다. 프로이센은 다른 영방이 북독일연방에 가맹하도록 강력하게 밀어붙였습니다. 북독일연방은 직접선거를 통해 헌법을 제정할 의회를 소집했고, 이후 제국 수상으로 비스마르크를 선출합니다.

한편, 오스트리아는 오스트리아-헝가리 제국이 됩니다. 예정했던 남독일연방은 결성되지 못했고, 바이에른왕국, 뷔르템베르크왕국, 바덴대공국이 프로이센과 군사협정을 맺어 프로이센 또는 북독일연방과 결속을 강화해 갑니다.

이어 프로이센은 스페인 왕위를 둘러싼 외교적인 거래와 비스마르크의 꿍꿍이셈으로 인해 프로이센·프랑스전쟁(1870~1871)에 돌입합니다. 프로이센은 저항하는 프랑스를 헬무트 폰 몰트케Helmuth von Moltke의 지휘 아래 기동과 기습으로 격파하고 프랑스령이었던 스당과 메스를 공략했습니다. 마침내 1871년 1월 28일에 파리는 문을 열었고 나폴레옹 3세는 붙잡혔습니다. 프랑스는 엘자스-로트링겐(알자스로렌) 지방을 프로이센에 빼앗겼을 뿐 아니라 거액의 배상금을 지불해야만 했습니다.

잇따른 전쟁으로 독일 전역에서는 애국심이 들끓었고, 그 영향으로 남독일의 4개국이 북독일 여러 나라와 '독일제국' 성립을 위한 조약을 체결하기에 이릅니다. 1871년 1월 18일, 파리의 베르사유궁전에서 프로이센 왕 빌헬름 1세가 독일 황제로 등극(재위 1871~1888)합니다. 이리하여 독일은 입헌군주제와 연방제를 기초로 겨우 통일을 실현했습니다. 통일된 독일은 독일 제2제국이라고 불렸습니다.

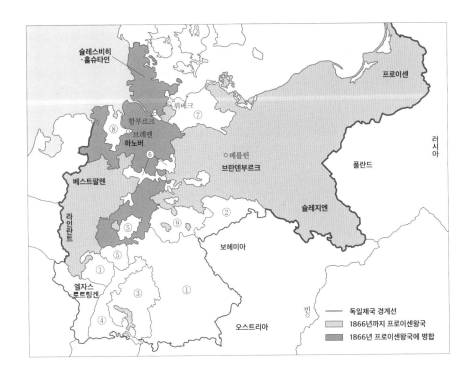

슐레스비히
-홀슈타인

프로이센

뤼베크

⑦

함부르크

브레멘

하노버

⑧

⑥

러
시
아

○베를린

브란덴부르크

폴란드

베스트팔렌

슐레지엔

라
인
란
트

②

⑨

⑤

보헤미아

① ⑤

엘자스
로트링겐

① ③

빙

독일제국 경계선

④

오스트리아

1866년까지 프로이센왕국

1866년 프로이센왕국에 병합

- 1871년 독일 제2제국

① 바이에른왕국 ② 작센왕국 ③ 뷔르템베르크왕국 ④ 바덴대공국 ⑤ 헤센대공국 ⑥ 브라운슈바이크공국 ⑦ 메
클렌부르크-슈베린공국 ⑧ 올덴부르크공국 ⑨ 튀링겐제제諸國(작센-바이마르-아이제나흐대공국 등)

이미 서술했듯, 통일 독일은 연방의 여러 나라, 더구나 영방 군주를 비롯한 귀족층이 타협한 산물이었고 군주끼리 맺은 계약의 결과물이었습니다. 일반 시민이 널리 주도적으로 참여하지 않았다는 점이 독일의 국가 형성에 나타난 특징인 동시에 앞으로 독일 역사에 부정적인 유산으로 작용합니다.

산속의 낙원, 온천

프로이센을 비롯한 독일 영방들의 국가 이념은 프랑스적인 이념인 자유와 평등 또는 문명과 국제적 연대, 민주주의 등과 거리가 멀었습니다. 독일에서 계몽주의나 진화론적 역사 인식을 가진 시민 계층은 결정적인 정치력을 갖지 못했습니다. 따라서 자유로운 지식층이 국가와 맺는 관계도 약하고, 그들의 사고도 정치와 역사보다는 그 바탕에 깔린 피와 대지, 자연으로 내려가 있었던 것입니다. 계몽주의가 뿌리를 내리지 못했다는 약점 대신에 '자연의 힘을 우리 편으로 만드는 것, 자연에 깃든 깊은 뜻을 배우는 것'이 독일 내 지적 엘리트의 공통 목표였습니다.

산과 물, 그리고 대지의 심오한 에너지를 인간의 신체로 직접 받아들이는 것이 바로 온천요법입니다. 물론 온천은 고대부터 널리 알려져 있었지요. 중세 초중반에는 좀 수그러들었지만, 온천욕을 하러 떠나는 여행은 후기 중세와 르네상스 시대에 유럽 각국의 귀족과 부유한 시민에게 크나큰 낙이었습니다. 또한 신분이 낮은 사

- 루카스 크라나흐, 「젊음의 샘」(Der Jungbrunnen, 1546)

람도 온천을 즐길 수 있도록 여러 가지 설비를 갖추어 갔습니다.

독일에서도 13세기부터 온천을 이용했다는 증거가 있습니다. 당초에는 지역민들이 이용했을 뿐이지만, 14세기부터는 먼 곳에서도 온천욕을 하러 손님들이 모여들었습니다. 봄부터 여름 사이에 온천 여행을 떠나는 것이 규칙적인 관습으로 자리 잡았습니다. 14세기 말부터는 기존 온천의 분포나 새로 발견한 온천에 관한 정보가 점점 늘어나 숲이나 산처럼 도시에서 멀리 떨어진 곳에 온천 시설이 대거 들어섭니다.

또한 르네상스와 더불어 의사와 인문주의자가 '온천론'을 왕성하게 펴냅니다. 이탈리아 인문주의자 포조 브라촐리니Poggio Bracciolini(1380~1459)는 친구 니콜로 드 니콜리Niccolò de' Niccoli 앞으로 보낸 서간에 독일(독일어권)의 온천에 대해 적어 놓았습니다. 당시 교황 비서였던 그는 공의회에 참석하기 위해 독일 남부의 콘스탄츠에 와 있었습니다. 그는 주변 도서관에서 고대 원전을 섭렵하는 한편, 오늘날의 스위스(아르가우주 바덴)에 있는 온천장에 대한 인상을 이야기했습니다. 1416년 5월 18일자 편지였습니다.

편지 내용을 보면 그곳은 산으로 둘러싸인 계곡에 있는 온천장인데, 숙소는 호화롭고 광장에는 공중탕이 두 개 있으며 수많은 개인 목욕탕이 있었답니다. 공중탕은 야트막한 칸막이 널빤지로 남탕 여탕을 대충 구분했지만, 틈이 숭숭 나 있어 대화를 나누기 쉬웠습니다. 친구를 불러 카드놀이도 하고, 물에 테이블을 띄워 놓고 맛있는 요리를 먹거나 거나하게 술을 마셨던 듯합니다.

젊은 아가씨도 힐머니도 빌거숭이로 남자들 앞을 대남하게 지나다니면서 마치 우아한 여신 플로라나 베스타의 무녀처럼 순진한 모습으로 온천을 즐겼습니다. 개인 욕탕은 청결했고, 남녀의 욕조를 가르는 벽에는 작은 창이 나직하게 나 있었습니다. 사람들은 그곳을 통해 같이 술을 마시거나 얼굴을 마주하고 이야기를 나누며 손도 내밀 수 있었습니다. 욕탕 위쪽에는 난간을 둘러쳐 쉼터를 만들었습니다. 그곳에서 사람들은 욕조에 들어가 있는 사람을 관찰하거나 그들과 대화를 나누었습니다.

이 온천에는 불임 치료를 위해 오는 여성도 있었는데, 대다수는 기분 전환과 휴식을 위해 부부나 친구가 함께 또는 혼자서 하인을 데리고 찾아왔습니다. 300킬로미터 이상 떨어진 곳에서 온 사람도 있었고, 온천을 즐기러 온 수도사나 사제도 있었습니다. 그곳에는 신기하게도 악의나 부조화나 다툼이 없었고, 목욕탕의 남녀는 벌거 벗고 있어도 조금도 음란하지 않았으며, 소박하고 자연스러운 분위기였다고 합니다. 포조 브라촐리니는 이처럼 온천을 '낙원'과 같이 묘사했습니다.

괴테의 온천 사랑

16세기 독일의 자연학자들은 온천과 광천의 가치 및 효능에 대해 논의했습니다. 그 후 19세기에도 온천론과 온천 기행문이 적잖이 출간되었지요. 가장 대표적인 필자는 괴테(1749~1832)일 것입니다.

- 요한 볼프강 폰 괴테

　독일의 온천은 고대부터 있던 것, 중세와 근세에 왕후나 수도원이 설립한 것 등 다종다양했습니다. 괴테의 시대인 18세기 후반부터 19세기에 걸쳐 자연에 둘러싸인 품격 있는 시설로 정비함으로써 온천은 엘리트들의 휴양지, 관광지가 되었습니다.

　괴테는 1785년부터 1823년 사이에 보헤미아(현재 체코 지역)의 온천인 카를스바트(카를로비바리), 프란첸바트(프란티슈코비라즈네), 마리엔바트(마리안스케라즈네), 테플리츠(테플리체), 에를라우(현재는 헝가리 에게르) 등을 수차례 방문했고, 그 밖에 바트퓌르몬트, 바트텐슈테트, 비스바덴 등지에도 머물렀습니다. 또한 그는 바이마르에서 가까운 바트베르카 온천 설립에도 적극적으로 협력했습니다. 괴테 자신이 피부병, 위장 장애, 심장병 등을 앓았기 때문에 자주 온천에

- 마리엔바트의 온천 요양소

다닌 것입니다. 물론 정치가와 관리로 일하면서 쌓인 피로를 풀고 기운을 보양하려고 온천을 찾았다는 사실도 친구에게 쓴 편지에서 엿볼 수 있습니다.

온천에는 기적의 힘이 있다는 믿음 때문에 유럽 전역에서 사람들이 몰려오기도 했습니다. 예컨대 괴테가 카를스바트를 처음 찾아갔을 때, 그곳은 이미 유럽에서 인기 있는 온천이었습니다. 1785년 친구인 요한 하인리히 메르크Johann Heinrich Merck에게 보내는 편지에 그는 "마치 튀링겐 극장을 돌연히 보헤미아로 옮겨다 놓은 것 같다"고 썼습니다.

또한 현재 체코에 속하는 마리엔바트는 지금도 유럽에서 가장 웅대한 온천 리조트입니다. 특히 트링크할레Trinkhalle(온천수를 마실 수 있는 시설)가 훌륭한 듯합니다. 여담이지만, 괴테의 시 「마리엔바트의 비가」Marienbader Elegie(1827)는 일흔이 넘은 만년의 괴테가 요양지에서 만난 열아홉 소녀 울리케 폰 레베초프Ulrike von Levetzow에게 사랑을 느꼈다가 실연당한 일이 모티프가 된 작품입니다.

라인강 상류 동쪽 연안의 바덴바덴도 옛날부터 오늘날까지 이름난 온천지입니다. 고대 로마인이 개발한 이곳에는 중세 말부터 근세 초까지 왕후와 귀족이 방문했고, 18세기 무렵부터 휴양지로 발전했습니다. 19세기 초에는 호화찬란한 궁전풍 건물이 들어섰고, 19세기부터 20세기에 걸쳐 저명한 정치가, 작곡가, 소설가, 화가가 끊임없이 찾아오기도 했습니다. 실로 유럽의 정치적 외교와 문화적 사교의 장이라 할 수 있겠지요. 온천의 수질은 고온의 식염천이고, 류머티즘이나 신경통에 효과가 있다고 합니다.

중세 독일 사람들이 온천에 품은 열망은 이교도 시대부터 전해 내려온 물의 치유력과 약효에 관한 믿음과 관련이 있습니다. 자연의 물에는 냉수도 있고 온수도 있는데, 어느 쪽이든 땅속 깊은 곳에서 또는 호수의 기원인 광물의 늪에서 자연의 효험이 솟아나는 것이라고 보았습니다. '인간과 유기적으로 연결된 자연이 은혜를 베풀어 본래의 건강을 회복시켜 준다'는 믿음은 다른 나라보다 독일에 특히 널리 퍼져 있었습니다.

괴테의 『파우스트』 2부(1832) 첫머리에서 녹초가 된 파우스트는 꽃이 피고 신록이 만발한 우아한 대지에 누워 그 위를 떠다니는 요정들에게 심신의 치유를 얻습니다. 마찬가지로 괴테의 『친화력』

(1809)에서는 물질과 물질의 결합과 분리에 비유해 사람과 사람을 맺어 주는 불가사의한 친화력을 이야기합니다. 또 석회석이 황산과 만났을 때 발생하는 기체 상태의 산酸은 물과 결합해 광천수를 만드는데, 마시는 사람을 기분 좋게 만들어 준다고 말합니다.

이런 사고방식이 19세기 독일에서는 온천욕뿐만 아니라 자연요법에도 영향을 미쳤습니다. 오늘날에도 대체 의학이나 보완 의료 같은 이름으로 이어지고 있지요. 약을 쓰는 대신 '인간이 자연적으로 갖고 있는 힘, 치유력으로 신체를 회복한다'는 사고방식을 바탕으로 물·흙·햇빛·공기 등의 작용, 약초, 음식과 섭생, 체조, 목욕, 호흡법 개선, 마사지 등을 이용하는 것입니다. 공업화와 도시화로 자연을 떠난 근대 문명이 질병과 정신적 퇴폐에 빠지는 근원이라고 생각해 그에 대항하는 자연치료를 치켜세웠던 것입니다. 많은 지식인들이 자연치료를 숭배했습니다. 19세기 말에는 자연요법의 중심에 있는 사나토리움Sanatorium(요양소)이 백여 군데도 넘게 있었다고 합니다.

독일 의료의 기본은 여전히 '약으로 치료하는 것'이 아니라 '자연적 치유를 유도하는 것'입니다. 온천요법은 이러한 치료 방침에 적합하며, 정부도 그 효과를 인정해 오래전부터 온천 치료에 건강보험을 적용해 왔습니다. 장기 투숙이 가능한 탕치 온천 시설인 쿠어오르트Kurort는 독일 내에 400여 개나 있습니다. 최근에는 재정 적자로 인해 보험 보장 기간이 단축되거나 아예 보험료를 지원하지 않는 경우도 생기고 있어 시대의 변화가 느껴집니다.

등산의 시대

19세기 독일은 온천요법이 성황을 이루었을 뿐 아니라 눈부시게 발전한 '등산의 시대'라고 할 수 있습니다. 정치적으로는 힘이 미약하지만 문화적·사회적으로 존재감을 키워 온 부르주아들이 산을 동경하기 시작했기 때문입니다.

근대 이전에는 산을 두려운 악마의 영역이라고 생각했기 때문에 볼일 없이 가까이 접근하거나 올라가는 일은 없었습니다. 18세기 후반에 이윽고 수정 탐사가 성황을 이루면서 혹은 알프스 영양을 사냥할 목적으로 산에 들어가는 사람이 늘어났습니다. 동시에 그때까지 특별히 조사나 탐구의 대상이 아니었던 산악에 대해 자연과학적인 관심이 싹트기 시작했습니다.

새삼스레 지적할 것도 없이 유럽에는 알프스라는 넘기 어려운 높은 산이 존재했습니다. 프랑스, 스위스, 독일, 이탈리아는 각각 알프스를 갖고 있는 나라였고요. 높은 봉우리에 등정하는 것이 산을 오르는 목표가 되었습니다. 해발 약 4,800미터의 알프스 최고봉인 몽블랑산 정상에 첫발을 디딘 것은 1786년이었습니다.

18세기 후반부터는 산속에 오두막을 지어 등산하는 사람에게 침대와 식량, 구급에 필요한 도구를 제공했습니다. 19세기에 들어오면 4,000미터가 넘는 산을 차례로 오르기 시작합니다. 부유한 영국인들은 짐꾼과 가이드를 거느린 큰 집단을 꾸려 등산을 감행했습니다. 스위스의 실업가와 학자 들도 학문적인 목적으로 등정에 도

− 연구를 목적으로 등산하는 지질학자, 식물학자, 측량사, 화가

− 마르틴 디스텔리, 「로탈 빙하를 건너」
(Überquerung des Rottalgletschers,
1830)

전했습니다. 지질학자, 빙하학자, 측량사, 식물학자, 화가 등이 가이드의 도움을 받아 대거 산에 올라서 조사 및 연구에 임했습니다.

산악 가이드의 돈벌이가 쏠쏠해지면서 등정에 온 힘을 쏟는 가이드도 늘었습니다. 등산 장비, 낙석이나 눈사태 대책, 경로 설정 등을 죄다 가이드에게 맡기는 경우도 눈에 띄었고, 등산 시즌 내내 고용되는 가이드도 있었습니다. 1854년부터 1865년까지는 알프스 등산의 황금기였습니다. 특히 1859년부터 1865년 사이에 주로 영국인이 60개가 넘는 산정의 첫 등반을 기록했습니다.

영국인과는 다르게 남의 손에 맡기는 등산으로는 성에 차지 않는 것이 독일인의 성격입니다. 독일에서는 자기 힘으로 올라가는 등산, 그리고 등산 자체를 목적으로 삼는 등산이 유행합니다. 19세기 이후 자신의 신체를 시험하기 위한 가이드 없는 단독 등산이 대중 스포츠로 널리 보급됩니다.

1869년에는 독일 산악회Deutscher Alpenverein, DAV(현재는 회원 75만 명을 보유한* 세계 최대 산악회)를 설립합니다. 제1차 세계대전 후에는 독일, 오스트리아, 이탈리아에서 산악인이 늘어납니다. 이들 나라에서는 위험한 암벽 등반도 유행하는 반면, 정상을 정복하는데 집착하지 않고 '산속 걷기'를 즐기는 사람도 많았습니다.

실은 독일에서도 20세기에 들어올 즈음까지 등산이라고 하면 상류계급 사람들, 학자, 대학교수, 김나지움 교사, 의사, 고급 관리,

---

* 2017년 12월 기준 약 124만 명.

변호사 등이 즐기는 운동이었습니다. 그러나 제1차 세계대전이 발발하기 전부터 노동자들은 휴일을 이용해 시간과 비용이 크게 들지 않는 중급 산악(해발 1,000~2,000미터)을 오르고 있었고, 제1차 세계대전 이후 바이마르공화국 시대에는 시민들 사이에서도 등산이 새롭게 유행하기 시작했습니다. 물론 장비와 도구가 개선되고 손에 넣기 쉬워진 것도 등산이 폭넓은 계층으로 퍼져 나가는 데 영향을 미쳤습니다. 사망 사고가 빈번하게 일어나는 험산 등반은 '자연과의 싸움, 고난 극복, 높은 곳에 대한 도전'으로 받아들여졌는데, 이는 민족주의를 고양하는 수단이 되었고 대중매체도 등정의 위업을 크게 다루었습니다.

오늘날에야 나라의 위신을 드높이겠다는 책임감으로 등산하는
일이 없겠지요. 하지만 오늘날에도 등산을 취미로 삼아 휴가 때 남
독일이나 오스트리아의 알프스로 트래킹을 떠나거나 캠핑을 하러
가는 독일인은 셀 수 없을 정도입니다.

철강과 석탄

19세기는 독일에서 정치혁명의 시대이자 경제 성장과 기술 혁신의
시대였습니다. 아니, '정치가 후퇴하고 불안정한데도 경제는 크게
발전한 시대'라고 바꾸어 말할 수도 있을 겁니다.

앞에서 말했듯, 1834년에 관세동맹을 결성하면서 독일 전체는
아니지만 가맹 지역의 관세가 철폐되었습니다. 그 뒤로 이에 관계
한 영방들의 경기는 상당히 좋았습니다. 제철업이 본격화하면서 단
조鍛造* 공장과 주철鑄鐵** 공장, 그리고 정련로精鍊爐***를 건조했고,
방적 공장을 건설하면서 모직공업도 발전했습니다. 기계공업은 영
국이 대규모에 선진적이었던 반면 독일은 훨씬 소규모였습니다. 하
지만 나폴레옹의 대륙봉쇄령으로 영국에 물량을 의뢰할 수 없는 상
황이 되자, 독일 내 산업이 자극을 받았던 것입니다.

산업이 실질적으로 성장 국면에 들어가자 1853년에는 관세동맹

---

*　　금속을 두드리거나 눌러서 필요한 형태로 만드는 일.
**　　탄소를 1.7퍼센트 이상 함유하는 철의 합금으로, 공업 재료로 널리 쓰인다.
***　　제철로에서 생산한 철을 재가열해 불순물을 제거하는 곳.

을 연장했습니다. 이때를 틈타 오스트리아는 관세동맹에 참가하기를 희망했으나 프로이센이 거부했습니다. 독일제국이 성립하면서 화폐 통일, 금본위제 확립, 중앙은행 설립, 특허법 제정 등 여러 방침에 의해 한층 더 긴밀한 경제 통합이 실현되었습니다. 1880년대부터 1915년까지 경기 상승이 이어졌고, 독일은 공업국으로 발돋움했습니다.

독일에서는 영국보다 훨씬 뒤늦게 공업화가 시작되었기 때문에 섬유 등 경공업을 건너뛰고 처음부터 철강 및 철도 관련 산업(중공업과 기계공업)이 산업의 주역이 되었습니다. 물론 마, 양모, 견, 특히 면 등의 섬유산업도 기계 도입으로 어느 정도까지 성장했습니다.

철강업의 발상지는 독일 남동부 오버슐레지엔입니다. 19세기 중엽까지 소규모 제철소가 바이에른왕국의 라인란트팔츠, 자르 지방, 라인강 중류의 지류 연안, 나사우의 란강과 딜강 유역, 자월란트, 지거란트Siegerland, 아이펠고원, 하르츠산지, 튀링겐 숲, 에르츠산지 등 여기저기에 흩어져 있었습니다. 이곳들은 모두 '숲과 산과 강'이라는 자연의 은혜를 충분히 누릴 수 있는 땅입니다.

1835년 12월에 마침내 바이에른의 뉘른베르크와 퓌르트 사이 6킬로미터를 오가는 철도가 처음으로 개통되었고, 1870년에 선로는 2만 5,000킬로미터로 늘어났습니다. 프랑스와 영국에 비하면 매우 뒤떨어졌지만 서서히 성장해 갔습니다. 철도는 말하자면 기존의 '강'을 대신해 흩어져 있던 영방들을 이어 주는 연결망 구축의 최대 도구가 되었습니다. 상품과 제품을 신속하게 실어 나르며 공급자과 수요자를 이어 주고 시장 확대에 공헌했으니까요.

이와 동시에 철도 건설 및 기관차와 화차 제조를 위해 철의 수요는 물론 에너지원인 석탄의 수요도 늘어납니다. 탄전炭田이 없었다면 독일의 근대 공업, 아니, 유럽의 산업은 탄생하지 않았다고 해도 과언이 아닐 겁니다. 석탄만 있으면 고로高爐, 기관차, 증기기관을 움직이는 열을 낼 수 있습니다.

석탄은 무거워서 수송이 힘들기 때문에 탄전이 있는 자리에 공장을 세웠습니다. 1848년에는 독일에 거대 탄전이 여섯 군데 있었습니다. 아헨 부근, 니더라인, 자르, 작센 츠비카우, 오버슐레지엔, 니더슐레지엔의 600여 개 탄광에서 광부 3만 5,000여 명이 석탄 430만 톤 이상을 채굴했습니다. 그러던 것이 1864년에는 670개 탄광에 광부 10만 명, 석탄 1,950만 톤으로 급증합니다. 석탄 외에 갈탄도 상당한 양이 있었습니다.

루르 공업지대

라인강 하류의 오른쪽 기슭에는 석탄과 철광석이 풍부하게 매장되어 있었습니다. 또한 라인강의 수로를 이용해 물건을 나르기에 적합한 이곳은 유럽 최대의 공업지대로 뻗어 나갔습니다. 라인강으로 합류하는 루르강의 이름을 따서 이곳을 루르 공업지대라고 부릅니다. 탄광 위로 펼쳐진 폭 30킬로미터, 동서의 길이 100킬로미터에 달하는 공업지대입니다.

- 루르강과 공업지대(1866)

　19세기 초에 이곳은 가난한 농촌에 지나지 않았고 규모가 큰 마을도 없었습니다. 하지만 산업혁명의 결과, 19세기 중반에 이 지역에서 채굴하는 석탄—목탄이 아니라—과 부근에서 산출되는 철광석을 정련하는 방법을 도입해 비약적으로 발달했습니다.

　증기기관의 발명으로 채탄 기술도 월등히 좋아졌습니다. 각지에서 노동자가 대거 모여들었고 기업들도 이전해 왔지요. 공업용수는 라인강과 지류들에서 충분히 공급받았습니다.

　프로이센의 고로*(제철) 생산량은 1834년(관세동맹)부터 1845년 사이에 13만 4,500톤에서 22만 9,000톤으로 증가했고, 슐레지엔과 라인란트에서 광산업이 번영했습니다. 루르 공업지대가 자리 잡은 라인란트는 기술과 자본, 입지의 측면에서 근대적인 광산업의 중심지가 되었습니다.

　1850년대 이후 루르 공업지대에 제철을 위한 용광로를 건설하

---

*　　철광석에서 주철을 만들어 내는 높이 10~25미터의 원통형 노(爐).

면서 무쇠 소비가 대폭 증가했습니다. 철도 건설과 기계 제조가 발전함에 따라 철제품 수요가 급속하게 늘어남으로써 19세기라는 한 세기 동안 비약적으로 발전한 루르 지방은 1811년에 독일 관세 영역에서 무쇠 3분의 1 이상, 강철 절반 이상을 생산하는 곳으로 으뜸을 자랑했습니다.

20세기 초에 걸쳐 철강업에 사용하는 석탄이 늘어나 석탄 산지를 중심으로 공업 발전과 경제 성장이 이루어졌습니다.

루르가 다른 탄전에 비할 수 없이 앞서간 것은 라인강과 루르강이 있었을 뿐 아니라 철도를 이용하기가 좋아 판매에 유리했기 때문입니다. 루르 지방의 석탄 생산량은 1850년 166만 5,000톤, 1860년 427만 6,000톤, 1870년 1,157만 1,000톤, 1880년 2,236만 4,000톤, 1890년 3,551만 7,000톤, 1900년 6,011만 9,000톤, 1910년 8,908만 9,000톤으로 눈부시게 늘어났습니다.

메이드 인 저머니

독일은 19세기 중반 이후 기계공업이 대거 발전해 각지에 대규모 기계 공장이 들어섰습니다. 그 후 서서히 분업이 다양화하고 제조 품종도 늘어나더니 20세기 초가 되면 품종 수가 한없이 증가합니다. 자동차, 오토바이, 자전거, 전기기관차, 재봉틀, 타자기 등 새로운 기계가 잇따라 등장합니다.

지금도 기계공업은 독일 경제를 떠받치고 있는데, 제품 생산량

- 기관차 공장(1855)

의 4분의 3을 전 세계로 수출할 정도입니다. 독일을 대표하는 제품으로는 자동차(옛 다임러벤츠, 포르쉐)는 물론 시스템키친*, 커피 머신, 또는 튼튼하고 오래 쓸 수 있는 기능적인 금속 제품과 공구도 떠오릅니다.

또한 아우크스부르크는 철·은·구리 세공으로, 라인란트의 졸링겐은 중세 이래 전통을 잇고 있는 칼로 유명합니다. 졸링겐과 마찬가지로 노르트라인베스트팔렌주에 있는 렘샤이트의 구리 제품, 슈톨베르크의 놋쇠 제품도 오래전부터 유명했습니다.

주목할 것은 세계 시장 점유율의 절반 이상을 차지하는 여러 기

---

* 능률적인 가사 노동을 위해 준비대, 개수대, 조리대, 가열대, 배선대 등이 하나로 연결되어 있는 조립식 붙박이형 부엌 가구.

기(예컨대 자동 봉입·봉합 시스템)와 그 제조 회사 대다수가 관계자들도 이름을 잘 모르는 '미텔슈탄트'Mittelstand(중소기업)라는 독일다운 특색입니다. 거대 독점기업도 지역에 뿌리를 내리는 한편, 직인의 손기술도 소중하게 여기고 있는 것입니다.

지방분권의 전통을 잘 살려 정밀하고 내구성이 높고 신뢰할 수 있는 것이 바로 '메이드 인 저머니'라는 브랜드입니다.

강의 축복

앞서 말했듯 북쪽에만 바다가 있는 독일에서는 고대와 중세부터 가로세로 흐르는 큰 강을 활용한 하천 운송이 중요했습니다. 19세기에 들어오면 예항曳航*업이 근대화, 조직화한 것이 눈길을 끕니다. 석탄, 철광석, 곡물 등 무겁고 부피가 큰 물건은 철도가 생기고 나서도 강으로 운송하는 것이 편리했습니다.

무거운 것을 실어 나르기 위해 1841년에 쾰른 증기 예항 선박 회사를 설립합니다. 그 밖의 회사가 소유한 것까지 합해 증기 예항선 25척, 철도 화물선 192척, 목조 화물선 400척, 범선 61척이 1850년에 라인강을 항해하면서 대량의 화물을 운반했습니다. 엘베강, 마인강, 엠스강, 모젤강, 루르강, 리페강, 잘레강, 오데르강 등에서도 같은 이유로 증기선이 늘어났습니다.

---

*   다른 선박이나 물건을 끌고 항해함.

20세기 초 하천 수운은 한층 활발해졌고, 대형 화물선도 점점 늘어났습니다. 이를테면 철강제 선박은 3,500톤, 즉 화물열차 250대만큼 적재할 수 있었다고 합니다.

1908년 독일제국에서 항해 가능한 내륙 수운의 전체 길이는 약 1,530만 킬로미터였습니다. 그중에서 순수한 강의 수운은 약 867만 킬로미터였고 나머지는 운하로 만든 하천과 내륙 호수의 수로와 운하였습니다.

20세기에 들어와 라인과 마인 지역이라 일컫는 라인 상류의 북부 지대가 독일 최대의 공업지대로 성장한 것은 수운이 편리하고 공업용수가 풍부하며 노동인구가 충분했기에 가능한 결과였습니다. 1920년대 대형 선박이 왕래하도록 라인강으로 흘러드는 마인강, 네카어강의 보수 공사를 한 덕분에 석탄과 원료를 운반할 수 있었던 것입니다.

이곳은 루르 공업지대와 달리 지하자원은 없지만 세계 최대의 종합 화학 회사인 바스프BASF, 화학 회사(특히 타르 염색공업)인 회흐스트Höchst AG, 자동차 제조 회사 오펠Opel의 공장 등이 있는 것으로 유명합니다. 실로 '강'의 덕택이 아닐 수 없습니다.

한편 앞에서 말한 루르 공업지대는 현재 노르트라인베스트팔렌주에 있는데, 그 중심도시가 라인강을 따라 내려온 곳에 위치한 뒤셀도르프입니다. 제철, 화학, 기계, 금속가공 등 라인 지역의 주요 기업 대부분이 뒤셀도르프에 모여 있는 것 역시 라인강의 은혜라고 볼 수 있겠습니다.

앞에서 서술한 것처럼, 독일에서는 프랑스나 영국과는 달리 왕권 중심의 통일이 이루어지지 않고 중세의 영방 분립이 근대에 제도화되었습니다. 근세와 초기 근대의 '독일'을 한데 묶어 준 것은 바로 '강'과 '물'이었다고 볼 수 있습니다.

공통의 자연관, 근원적인 자연과 인간의 심오한 관계가 오랜 역사적 과정을 통해 독일인에게 스며들었다는 점이 독일어라는 언어와 함께 그들을 어떻게든 하나로 묶은 것도 사실일지 모릅니다. 그러나 그것은 정신적인 일체성일 뿐이지 사회, 정치, 경제를 통일할 수 있는 것은 아니었습니다. 이와 대조적으로 '강'은 구체적으로 마을과 마을, 지역과 지역을 이어 주면서 경제적인 교류를 실현했습니다. 세관을 철폐하고 통행의 자유를 보장하는 데 성공한 것은 무엇보다도 '강'을 통한 독일 전체의 연결망을 충분히 활용했기 때문입니다.

아버지 라인강

독일에는 라인, 마인, 도나우, 엘베, 모젤 등 물이 넘칠 듯 찰랑거리는 큰 강이 여럿 있습니다. 이 강들은 대형 화물선들이 다니는 대동맥으로, 중앙으로 모여드는 것이 아니라 지방과 지방을 엮어 전국을 통합해 내는 물길입니다. 라인, 마인, 도나우, 세 강을 이어 북해에서 흑해에 이르기까지 수운의 그물망을 펼치겠다는 장대하고 오랜 계획을 완수한 것은 1992년이었습니다.

- 라인강과 주변 산지의 풍경을 담은 F. E. 박스무트의 「지벤게비르게」(Das Siebengebirge, 1895)

　그러면 독일의 3대 하천인 라인강, 도나우강, 엘베강에 대해 차례로 살펴봅시다.

　독일 서쪽을 남북으로 관통하는 라인강은 독일인에게 역사상 가장 중요한 강으로, 길이 1,200킬로미터가 넘는 대하大河입니다. 스위스와 오스트리아 국경을 따라 북상하며 보덴호로 들어가 호수 서쪽부터 급류가 되어 서쪽으로 흐르고, 도중에 오른쪽으로 꺾어 북상합니다. 라인강은 엠스강, 베저강, 엘베강, 프랑스의 론강과 마른강과도 운하로 이어져 있습니다.

지금도 약 6만 척의 배가 오가는 라인강은 세계에서 가장 교통이 번잡한 내륙 하천이라고 합니다. 무거운 석탄, 광석, 건축 자재, 석유 등을 운송하는 수로로서 독일의 유통을 담당하고 있습니다. 실로 독일(과 네덜란드)의 공업과 상업은 라인강 없이는 버티지 못할 것입니다.

고대부터 '아버지 라인강'Vater Rhein이라 불릴 만큼 독일인에게 라인강은 마음의 고향이었습니다. 중세 이후 라인강 유역의 주민들은 숱한 전설을 전승해 왔습니다. 그중에서도 예수를 업고 라인강을 건넜다는 크리스토포루스Christophorus라는 성인이 사람들에게 많은 사랑과 숭앙을 받았습니다. 그의 모습은 지금도 그림과 조각으로 전해지고 있습니다.

독일 낭만주의 문학을 통해서도 라인강은 일일이 셀 수 없을 만큼 칭송받고 있습니다. 프리드리히 횔덜린Friedrich Hölderlin은 1801년 「라인강」이라는 찬가를 바쳤고, 같은 해 클레멘스 브렌타노Clemens Brentano는 설화시 「로렐라이」Lore Lay(1802)를 통해 라인강변의 바위에서 몸을 던진 처녀 로렐라이의 비극을 노래했습니다. 이후 라인강은 후대의 시인과 화가, 작곡가 들에게 창작의 원천이 되었습니다. 프리드리히 폰 슐레겔Friedrich von Schlegel은 『네덜란드, 라인강 유역, 스위스, 프랑스 일부를 여행한 서간』Briefe auf einer Reise durch die Niederlande, Rheingegenden, die Schweiz und einen Teil von Frankreich(1805)에서 라인강의 아름다운 풍경과 위대한 역사의 조화를 찬미했습니다. 그의 서사시 「가라앉는 성」Das versunkene

Schloß(1807)도 라인강에 대해 다룹니다.

그 뒤로도 프랑스에 대항하는 해방전쟁을 거치며 라인강을 소재로 한 애국적이고 정치적인 서정시가 활발히 지어져 노래로도 불렸습니다. 특히 하인리히 하이네Heinrich Heine의 「로렐라이」Die Loreley*(1824)는 세계적으로 유명합니다.

도나우강과 엘베강

총 길이 2,857킬로미터, 무려 10개국에 걸쳐 흐르는 도나우강은 오스트리아와 헝가리에서도 사랑받고 있습니다. 강의 원천은 독일의 슈바르츠발트입니다. 알프스 지대에서 갈라진 많은 지류가 모여 흐르는 도나우 강은 숲속에 아름다운 계곡을 형성하면서 바이에른 지방을 가로지르고 있습니다.

때로 거세게 흐르는 남성적인 라인강과 달리, '어머니 도나우 강'Mutter Donau이라 불리듯 느긋하고 고요하게 흐르는 이 강은 여러 민족의 공존과 융화를 상징하기도 합니다. 라인강과 도나우강을 대비시켜, 라인강이야말로 독일을 상징하는 강이며 도나우강은 합스부르크 군주국인 오스트리아를 상징하는 강이라고 이야기하기도 합니다.

---

*   브렌타노의 설화시는 "라인강변의 바카라흐 계곡에/ 마녀가 살고 있었다"(Zu Bacharach am Rheine/ Wohnt' eine Zauberin)는 구절로 시작하고, 하이네의 서정시는 "내가 왜 이렇게 슬픈지/ 알 수 없지만"(Ich weiß nicht, was soll es bedeuten,/ dass ich so traurig bin)이라는 구절로 시작한다.

- 맥주 양조

  그러나 요한 슈트라우스 2세가 작곡한 왈츠 합창곡「아름답고
푸른 도나우강」An der schönen blauen Donau(1867)에서 라인강을 도
나우강의 형제라고 부르는 것*을 보면, 두 강이 양국의 협조協調를
상징한다고 볼 수도 있겠지요. 실제로 보덴호 부근에서는 두 강의
흐름이 스치고 있습니다.

  도나우강 남쪽에는 알프스 산기슭이 펼쳐집니다. 그곳의 광대한
푸른 들은 독일의 으뜸가는 곡창지대입니다. 알프스에서 흘러나오
는 지류가 토사를 실어 와 이곳에 쌓습니다. 보리와 밀이 자라는 밭
옆에는 독일 최대의 홉 재배지인 할러타우Hallertau가 있습니다. 보
리와 홉, 거기에 알프스의 깨끗한 자연수가 어우러져 있으니, 당연

---

*   노랫말에 "네 형제 라인강을 잘 알겠지"(Du kennst wohl gut deinen Bruder, den Rhein)라는
구절이 나온다.

히 맥주 양조가 왕성한 곳이지요.

또한 도나우강 유역은 가톨릭 신앙이 매우 독실한 곳이기 때문인지 바로크 양식의 교회들이 상당히 남아 있다는 특징이 있습니다.

마지막으로 엘베강은 체코와 폴란드 국경인 크르코노셰Krkonoše 산맥(리젠산맥)에서 발원합니다. 체코와 독일을 관통하는 이 커다란 하천의 길이는 1,000킬로미터가 넘습니다. 독일에서는 체코 국경의 에르츠산맥을 통과해 남에서 북으로 흘러 북독일 평원을 지나서 북해로 흘러들어 갑니다. 다른 하천들과 여러 운하로 연결된 내륙 교통의 요충지입니다. 옛날에는 독일과 외부(슬라브족)의 경계였지만, 지금은 독일을 동서로 분할하는 지표입니다.

엘베강은 함부르크 부근에서 북해로 흘러들기 때문에 한자동맹 시대부터 물자가 대량으로 오고가는 중요한 경로였고, 많은 지류와 운하를 통해 내륙의 유력한 도시를 이어 준다는 점에서 주목받았습니다. 다만 강 유역에 자리한 영방이 강변에 멋대로 설치한 세관이 많아서 비용의 절반 이상을 세금으로 빼앗겨야 했습니다. 1815년 빈회의에서 요청한 운항의 자유는 1870년이 되어서야 완전히 보장되었습니다.

라인강이나 도나우강과 더불어 엘베강에서도 도시의 하수와 산업 폐수 등으로 심각한 수질오염이 발생했습니다. 하지만 인간의 손이 닿지 않은 자연이 남아 있는 중류 유역은 유럽 최대의 환경 보존 지역입니다. 다양한 식물의 생태지일 뿐 아니라 물새, 비버, 물소 등 동물들의 오아시스이기도 하지요. 이 지역은 '유네스코 생물권 보전 지역'으로 등록해 보호하고 있습니다.

인간을 위한 자연 개조

이렇듯 강은 독일(인)을 물질적으로나 정신적으로 떠받쳐 왔지만, 실은 18세기 중반부터 20세기에 걸쳐 강과 강 유역에서 대규모 공사가 벌어져 강의 모습을 철저하게 바꾸어 놓았습니다.

하천 교통에 장애를 없애기 위해 구불구불하게 흐르거나 갑자기 갈라져 나온 강에 둑을 쌓아 직선으로 빠르게 흐르도록 퇴적 모래와 자갈, 모래톱을 제거했습니다. 계곡에는 댐을 쌓아 홍수를 조절하고 관개와 발전發電 등에 이용했습니다. 강과 강을 운하로 연결해 수로망을 넓혀 갔습니다. 연못과 호수, 습지와 늪지대, 이탄지泥炭地의 대부분은 간척하거나 매립해 경작지로 만들었습니다. 인간을 위한 자연 개조는 중세부터 있었지만, 근대에는 규모와 속도가 무척 커졌습니다.

앞에서 거론한 프로이센의 계몽전제군주 프리드리히 2세는 엘베강과 하펠강을 잇는 운하를 대대적으로 건설했습니다. 그리고 오데르강 동쪽의 습지와 늪지를 간척하는 등 동시대의 누구보다도 적극적으로 자연을 개조했습니다. 강과 강 유역뿐 아니라 산, 숲, 잡목림, 초원도 마찬가지였습니다. 한쪽에서는 '독일의 경치는 독일인의 마음의 고향이므로 손대지 않았으며 게르만의 본향 그대로 소중하게 지켜 왔다'는 이야기가 들려오기도 합니다만, 편리한 생활과 산업 발전을 위해 철저하게 자연을 가공한 측면이 분명 있습니다.

이러한 개조를 비판하며 '자연 경관의 아름다움을 지키자'고 할 때의 '아름다움'도 인간의 눈으로 본 인간 중심적인 '아름다움'이라는 것은 틀림없습니다.

자연을 찬양하는 독일 낭만주의 문학

독일은 르네상스식 합리주의와 인문주의의 영향도 계몽주의의 감화도 별로 받지 않았다고 말했습니다. 그 대신 18세기부터 19세기에 걸쳐 낭만주의 예술과 사조가 화려하게 꽃을 피웠습니다. 낭만주의는 자연과의 깊은 교감을 추구합니다.

18세기 말부터 19세기 전반까지의 독일 낭만주의는 1760년대 말부터 1780년대 중반에 전개된 젊디젊은 문학 운동인 '슈투름 운트 드랑'Sturm und Drang(질풍노도) 운동을 계승한 것입니다. 슈투름 운트 드랑은 계몽주의에 반발하며 주로 산문과 희곡이라는 장르를 통해 자연과 감정생활을 중시하고 인간의 정열과 공상, 개인의 위대함 등을 칭송한 사조입니다. 초기 괴테와 실러를 비롯해 요한 안톤 라이제비츠Johann Anton Leisewitz, 리하르트 바그너, 라인홀트 렌츠 등을 슈투름 운트 드랑의 대표적 예술가로 꼽을 수 있습니다.

이 사조를 이어받아 깊이를 더한 것이 낭만주의입니다. 낭만주의 작품 중에는 노발리스의 『하인리히 폰 오프터딩겐』Heinrich von Ofterdingen(1802)을 비롯해 광산을 다룬 것도 여럿 있습니다.

『하인리히 폰 오프터딩겐』은 주인공 하인리히가 여행을 하면서 내면을 성장시키는 작품입니다. 지하 갱도에서 나이 든 광부와 나누는 대화나 동굴에서 사는 은자와의 만남이 중요한 모티프지요. 여기에는 인간의 내면과 자연, 특히 대지의 지하 세계가 환상적으로 흘러들어 있습니다. 노발리스는 1797년 12월부터 1799년 5월까지 몸소 프라이베르크 광산학교에 다니면서 매일같이 갱 속으로 내려갔다고 합니다.

E. T. A. 호프만Hoffmann은 「팔룬 광산」Die Bergwerke zu Falun (1819)이라는 단편을 썼습니다. 선원이었던 엘리스는 항해를 떠난 사이 어머니의 임종을 지키지 못했다는 죄책감에 우울해합니다. 그런 그의 앞에 100여 년 전 갱에서 죽은 광부의 망령이 나타나고, 그 뒤로 엘리스는 불가사의한 성적性的 환상을 보게 됩니다. 이 환상은 그를 팔룬 광산으로 이끌고, 그곳 마을에서 환상 속 여왕의 현신인 듯한 울라를 만나 사랑에 빠집니다. 두 사람은 우여곡절 끝에 결혼하기로 합니다. 그런데 결혼식 당일 엘리스는 울라에게 줄 보석을 캐기 위해 갱도로 들어갔다가 갱이 무너져 망령과 똑같이 죽고 맙니다. 50년 뒤, 울라는 청년의 모습 그대로 화석이 되어 버린 남편 엘리스의 시체를 발견하고 그 위에 쓰러져 죽고 맙니다. 그 순간 엘리스의 시체는 재로 변합니다. 환상과 욕망으로 가득 찬 지하 세계를 으스스하게 그려 낸 이야기입니다.

낭만주의는 현실 저편에 있는 땅이나 과거에 강렬한 관심을 품고 눈에 보이지 않는 기운, 중세 십자군, 신비주의, 기사도 또는 고

딕 건축 등을 자주 다루었습니다. 신비적인 '자연'도 상상력의 근원
이 되었지요. 앞서 말한 광산도 그런 예인데, 일반적으로는 상상 속
어슴푸레한 숲, 바위투성이 계곡, 산비탈에 펼쳐진 초원, 깎아지른
절벽이나 동굴 등이 등장합니다. 노발리스, 호프만 외에도 루트비
히 티크, 요제프 폰 아이헨도르프 같은 작가가 게르만 신화를 찬미
하면서 몽상적인 숲과 산을 솜씨 좋게 묘사했습니다.

이 시대의 낭만주의 문학이 자연에 품은 열정은 「백설 공주」나
「빨간 모자」 등 이른바 『그림 동화』(원제는 '어린이와 가정을 위한 옛날이
야기' Kinder-und Hausmärchen, 1812)로 유명한 그림 형제의 활약과 무
관하지 않습니다. 왜냐하면 고대 게르만족부터 근대에 이르기까지
독일인을 매혹하고 점점 더 다양한 이미지 전개를 보여 온 '민화의
숲'을 집대성한 것이 그림 형제이기 때문입니다.

『그림 동화』에 빈번하게 나오는 숲은 일상 세계의 일부이면서
영적인 세계와 통하는 곳, 아니, 그보다는 요정, 마녀, 거인, 신비한
동물이 살고 있는 별세계 자체였습니다. 이곳은 삶과 죽음이 공존
하는 양가적인 공간이며 자비와 은혜를 베푸는 동시에 두려운 존재
이기도 했습니다. 『그림 동화』에 실린 200여 편의 옛날이야기 가운
데 숲이 나오는 것은 84편에 이릅니다. 그림 형제가 1816년에 출
판한 『독일 전설집』 1판에서는 579편 가운데 118편의 전설에 숲이
나옵니다.

그림 형제는 기독교 이전의 자연 신앙과 수목 신앙, 다양한 옛
습속을 낳은 '독일적인 것'들을 발굴해 새롭게 살려 내고 싶었던 모

양입니다. 그들이 모아서 정리한 동화와 전설에는 거인과 소인은 물론 숲의 종족과 이끼 종족(잡목림이나 황야의 어둑한 곳 또는 땅속 구멍에 사는 소인으로, 온몸이 이끼로 덮여 있고 푸른 이끼를 잠자리로 삼습니다.)도 등장합니다.

그림 형제는 세계의 외부에 있는 이념과 초월적 신을 불러내지 않습니다. 오히려 '자연'을 이상화해 인간 도덕의 원천이자 사회의 기초로 삼으려 합니다. 그림 형제의 이야기에서는 인간의 내면과 인간 바깥의 자연 세계가 서로 교감할 뿐 아니라 인간이 자연과 하나가 됨으로써 병이나 불운을 극복하고 생명력을 되찾습니다. '자연'은 고전고대(그리스·로마) 문화에도, 영광에 찬 기독교 왕국에도 동화하지 못했던 독일인들이 자신 있게 매달릴 수 있는 유일한 것이 아니었을까요?

낭만주의 지향성은 19세기, 나아가 20세기 독일 문학에도 그림자를 짙게 드리우고 있습니다. 앞에서 언급했듯 19세기 프랑스 문학에서는 '자연주의'와 '사실주의'의 깃발을 내걸고 발자크, 졸라 같은 대표 작가들이 사회문제를 날카롭게 추궁한 작품을 발표했습니다. 반면, 같은 시기 독일 문학은 우울하게 현실도피를 일삼으며 자연으로 시선을 돌리고 모두가 자신만의 멜로디로 자연을 노래하는 가운데 조용한 체념이 깔려 있습니다.

괴테의 영향을 받은 시인 횔덜린은 「고향」Die Heimat(1798)에서 알프스의 웅대한 산과 맑고 투명한 강과 폭포 등을 노래했습니다. 오스트리아 소설가 아달베르트 슈티프터Adalbert Stifter의 단편 「수정」Bergkristall(1845/1853)은 크리스마스이브에 산에서 폭설을 만나 조난당한 어린 남매가 빙하 밑 바위에 몸을 숨긴 채 구조를 기다리는 이야기입니다. 슈티프터는 깨끗한 공기가 감도는 고요한 황야, 청정무구한 물줄기가 흐르는 아름다운 숲 등을 무대로 더러움을 모르는 순결함을 축복하는 작품을 창작했습니다.

그 밖에도 스위스 의사이자 박물학자인 알브레히트 폰 할러 Albrecht von Haller의 『알프스』(1729)라는 시집, 스위스 시인 잘로몬 게스너Salomon Gessner와 독일 시인 아네테 폰 드로스테휠스호프 Annette von Droste-Hülshoff의 자연시 등도 꼽을 수 있습니다. 독일에는 '숲과 산과 강의 문학'이라고 할 만한 장르가 이루 다 헤아릴 수 없을 만큼 많습니다.

그림과 음악에 스며든 독일의 자연관

독일 회화에서도 자연을 즐겨 그렸습니다. 대표적으로 19세기 전반에 활약한 풍경화가 카스파어 다비트 프리드리히Caspar David Friedrich(1774~1840)가 있습니다. 그는 초원, 해변과 함께 산악을 그렸습니다.

그보다 앞서 스위스 북부에서 태어난 카스파어 볼프Caspar Wolf (1735~1783)도 독특한 알프스 그림을 200점 이상 남겼습니다. 오스트리아 티롤 지방에서 태어난 요제프 안톤 코흐Joseph Anton Koch(1768~1839)를 비롯해 이들과 동시대에 산에 매력을 느낀 화가

1

2

3

와 판화가가 많이 있었습니다.

그들은 인간의 접근을 거부하듯 우뚝 솟은 높은 산과 험한 고개, 하늘을 찌를 듯한 거대한 바위, 언덕 뒤에 낮게 드리운 구름바다를 뚫고 삐죽 올라온 산봉우리들, 협곡과 폭포, 우뚝 버티고 선 빙하, 기이한 광경을 연출하는 자연 동굴 등을 그렸습니다. 그것들은 모두 고요하고 편안하면서도 장엄하고 숭고한 분위기를 띠었습니다.

음악의 세계에는 알프스 등산을 음악적으로 표현한 리하르트 슈트라우스Richard Strauss의 「알프스 교향곡」(1915)이 있습니다. 이 곡은 알프스를 오르며 마주하는 풍경과 등산의 여정을 시간의 흐름에 따라 스물두 개의 작은 장면으로 구성한 작품입니다.

19세기 독일에서는 '등산은 영적인 체험이며, 높이 올라감에 따라 인간은 고귀해지고 최후의 진실에 다다른다'고 믿었습니다. 일찌감치 산에 올라 아직 어슴푸레하게 잠긴 산 아래 동네와 전원을 내려다보면, 두 번 다시 지저분한 세상으로 돌아가고 싶지 않다는 생각이 듭니다. 이렇듯 영적인 체험으로서 등산이 유행하자 산은 심미적인 대상으로서도 주목받기 시작했고, 자연스레 문학과 미술의 주요한 주제가 되었을 것입니다.

18세기 후반에 활약한 독일의 사상가 요한 고트프리트 폰 헤르더Johann Gottfried von Herder(1744~1803)는 계몽주의적 이념에 대

- 낭만주의의 영향을 받은 카스파어 다비트 프리드리히의 작품들
1. 「안개 바다 위의 방랑자」(1818) 2. 「눈 속의 떡갈나무」(1829) 3. 「숲속의 사냥꾼」(1814)

- 요제프 안톤 코흐의 「슈마드리바흐 폭포」(1821)

항해 자연을 통해야만 참된 인간성에 도달할 수 있다고 주장했습니다. 땅 위에 피어난 여러 문화에는 동일한 권리가 있는데, 그것은 민족의 성격과 민족이 살아가는 자연 조건의 상호작용을 통해 정해진다는 것입니다. 그리하여 문화의 다양성은 곧 자연 경관의 다양성과 호응한다고 주장했습니다. 이는 자연의 통일성, 그리고 인간과 자연의 내적 유대를 믿는 일종의 유기체 사상으로, 자연요법과도 통합니다. 생명은 단순히 한낱 인간의 목숨이 아니라 유기체적이고 쪼갤 수 없는 삶, 자연과 일체를 이루는 삶이라고 하는 생명관을 따르고 있습니다.

18세기 말부터 19세기 중반의 사상가와 과학자도 독자적인 유기체적 자연관, 즉 자연이 인간의 삶을 품어 내는 동시에 그것을 뛰어넘는다는 관점을 가지고 있었습니다. 인간이 미래를 향해 나아가는 것은 자연의 위대한 잠재력 덕분이라고 생각하면서, 보잘것없는 인간의 세계와 심원하고 숭고한 자연을 대조적으로 파악하고 있습니다. 철학자 프리드리히 셸링Friedrich Schelling(1775~1854)의 자연철학이 대표적입니다.

이렇게 18~19세기 독일의 문학, 회화, 철학, 민간전승에는 어느 것 할 것 없이 '독일적인 자연관'이 스며들어 있다고 할 수 있습니다.

6장

자연 숭배의 명암

프로이센이 전쟁을 일으켜 프랑스를 타도하자(1870~1871), 남독일의 4개국(바이에른, 뷔르템베르크, 바덴, 헤센)은 북독일연방에 가입했습니다. 그리고 이름을 '독일제국'으로 바꾼 뒤 프로이센 국왕 빌헬름 1세를 황제의 자리에 올려 제국을 통일했습니다.

독일 통일 후 정치와 제도는 어떻게 바뀌었을까요? 프로이센을 강화하고 독일 통일을 실현한 공로자 비스마르크는 이후 19년에 걸쳐 수상 자리에서 정치를 이끌었습니다. 그러나 그가 실각한 뒤 독일은 비극적인 세계대전을 향해 추락해 갑니다.

비스마르크 시대에서 빌헬름 2세의 시대로

군국주의 국가로 발전한 프로이센에서는 군대와 몇몇 직종 또는 조직 내에 엄한 규율이 생겼습니다. 전 국민이 마치 거대한 공장의 부품처럼 기계적으로 관리를 받았습니다. 귀족 및 관료와 노동자 사이에 끼어 있던 중산계급은 지배 질서를 뒤엎고자 하는 대담한 행동에 나서지 못했습니다. 이것이 1848년 3월의 '혁명'이 실패한 이유입니다.

프로이센을 중심으로 1871년에 성립한 독일제국은 세 번의 전쟁을 통해 통일을 달성했기 때문에 제국 내에서 군대가 위세를 떨쳤습니다. 군대 장교를 지내며 사회에서도 존경을 받고 엘리트로서 군림하던 귀족들은 어깨에 힘이 잔뜩 들어갔습니다. 산업화도 군부 귀족이나 궁정 귀족의 지휘 아래 이루어졌던 것이지 부르주아 기업가와 자본가의 위업은 아니었습니다. 시민계급이 서서히 대두했다고는 해도 사관후보생 시험에 합격한 사람들, 군부 귀족의 태도와 규범을 모방하는 사람들에 지나지 않았고, 그들 역시 귀족화되어 갔습니다. 명예가 더럽혀지면 결투를 해야 한다는 명예 제일주의 기풍이 시민계급으로도 퍼져 나가 독일인의 행동 양식을 규정하는 전통이 되었습니다.

비스마르크는 자국의 이익을 위해 종종 전쟁을 일으켰지만 통일을 달성한 뒤에는 되도록 싸움을 피했습니다. 유럽의 세력 균형과 협조를 중시하는 균형감 속에서 독일제국이 안정적으로 발전하도록 힘썼습니다.

그런데 융커의 피를 물려받았기 때문일까요? 비스마르크는 국내 통치를 강압적이고 귀족주의적인 방향으로 몰고 갈 뿐, 민주주의에 대한 자각이 없었습니다. 부르주아들이 주역을 맡은 의회제 국민국가 같은 것은 안중에 없었고, 자신의 정치에 반대하는 자는 제국의 적으로 몰아붙였습니다. 공업화가 진전함에 따라 노동자 수가 급속하게 증가해 도저히 무시할 수 없는 세력을 형성하고 있었음에도 그들의 목소리를 들으려고 하지 않았지요. 오히려 그들이 조직한 노동운동을 탄압하기 위해 사회주의자 진압법(1878년 10월)

을 제정하고, 1890년대까지 사회주의 운동을 억눌렀습니다.

그러나 반발은 매우 거셌고 노동자를 옹호하는 사회주의 운동이 점점 거세졌습니다. 비스마르크는 황급하게 사회보장법이라는 회유책을 내놓았지만 노동자들의 호응을 얻지 못했습니다. 드디어 1889년에는 에센과 겔젠키르헨을 시작으로 루르 지역에서 14만 명의 광산 노동자가 동맹파업을 일으켰습니다.

그 결과 독일은 에너지 위기에 빠지고 말았습니다. 이 사태를 사회주의자 탄압에 이용하려고 했던 비스마르크는 제대로 대처하지 못했고, 결국 1890년에 황제 빌헬름 2세(재위 1888~1918)와 갈등을 빚다가 자리에서 물러났습니다.

친정親政을 시작한 빌헬름 2세는 그릇이 작고 걸핏하면 실언을 내뱉는 인물로, 세계정책Weltpolitik*을 펼쳤지만 성공하지 못했습니다. 빌헬름을 섬기던 후임 수상 레오 폰 카프리비Leo von Caprivi도 보수파와 시민파 연합에 의한 정권 운영에 고전을 면치 못하면서 과단성 있는 정책을 실시하지 못했습니다. 또한 최대 정당인 사회민주당이 정책 입안에 참여하지 못했기 때문에 여론을 반영해 정치적으로 실현할 길이 가로막혀 있었습니다.

이러는 사이에 유럽의 여러 나라는 세력 다툼으로 날을 밝히며 권력을 둘러싼 이합집산을 되풀이했습니다. 독일에서는 빌헬름 2세가 동방 진출을 위해 베를린에서 비잔티움을 거쳐 바그다드를 잇는 철

---

*　비스마르크의 현실정책(Realpolitik)에 정면으로 맞서 해외 식민지를 확장하고 해군을 강화하려한 빌헬름 2세의 공격적 외교 정책.

도 부설사업, 이른바 3B 정책을 중심으로 다양한 이권 획득에 힘을 쏟았습니다. 그런데 이를 위협으로 느낀 영국이 정책 전환을 압박했습니다. 결국 독일, 오스트리아, 이탈리아의 삼국동맹(1882)에 대항해 1907년에 영국, 프랑스, 러시아의 삼국협상이 성립했습니다.

이 무렵 프랑스의 모로코 진출을 견제한 독일은 스페인 알헤시라스에서 국제회의를 열어 프랑스와 한판 붙는 소동을 일으키려고 했지만(모로코사건) 영국, 러시아, 이탈리아가 프랑스를 지지하는 바람에 무산되었습니다. 미국의 루즈벨트마저 프랑스 편을 들었기 때문에 프랑스에 유리한 타협안이 채결되었습니다. 그 후에도 모로코는 불씨로 남았지만 당분간은 결정적인 대립을 피할 수 있었습니다.

제1차 세계대전과 바이마르 체제

독일과 매우 가까운 헝가리의 상황은 더욱 심각했습니다. 러시아가 범슬라브주의를 지원함으로써 불안정해진 오스트리아-헝가리 제국은 반목하던 독일과 관계를 개선하는 동시에 1908년에 보스니아-헤르체고비나를 합병해 버렸습니다. 그리고 1914년 6월 28일, 보스니아의 수도 사라예보에서 세르비아 청년이 오스트리아-헝가리 제국의 황태자를 암살한 것을 기화로 한꺼번에 대규모 전쟁으로 돌진했습니다. 이것이 유럽에 끔찍한 비극을 안겨 준 제1차 세계대전입니다.

독일은 초반에 승부를 결정지을 요량으로 프랑스를 침공했지만 전세는 유리하지 않았습니다. 결국 마른 전투에서 독일군이 패배하고 말았습니다. 동맹군인 오스트리아–헝가리군은 러시아에 대패했고, 무력한 황제와 재상 아래 군 수뇌부의 뜻대로 작전을 시행했습니다. 전쟁의 주요 무대가 육상에서 해상으로 옮겨 가고 독일이 잠수함대 U보트 작전으로 공격을 개시하면서 미국도 참전합니다.

1918년 11월 11일, 독일의 패전으로 전쟁은 막을 내렸습니다. 신뢰를 잃은 군주제를 지키려고 하는 사람은 없었습니다. 빌헬름 2세가 황제의 자리에서 물러나면서 독일제국은 허망하게 와해되었고, 독일은 갑작스럽게 공화제를 취했습니다. 국민회의가 바이마르에 있었기 때문에 이때의 독일을 바이마르공화국이라고 부릅니다. 덧붙여 오스트리아는 그때까지 하나였던 체코와 헝가리, 동맹국 이탈리아와의 관계가 모두 끊어지고, 독일인 중심의 오스트리아공화국이 되었습니다.

독일은 구제할 도리 없이 피폐해지고 약골 국가가 되었습니다. 노동자·병사 평의회가 선두에 선 혁명을 거쳐 1919년 1월 국민의회 선거를 통해 사회민주당, 중앙당, 민주당의 3당 연립정부가 들어섰습니다. 이어 8월에 전형적인 의회 민주주의 체제의 기초를 닦는 획기적인 바이마르헌법을 제정하는데, 이는 세계 여러 나라에 커다란 영향을 미쳤습니다.

그러나 독일은 베르사유조약으로 해외 식민지 전체와 본국의 영토 13퍼센트를 잃었을 뿐 아니라 1,320억 마르크라는 막대한 배상금을 지급해야 했습니다. 이에 독일 우익 정당은 이 굴욕적인 강화조약의 책임이 공화국과 공화국을 이끄는 사회민주주의 정권에 있다고 선전하면서 독일의 내정을 몹시 불안정하게 만듭니다.

이리하여 독일인들은 바이마르 체제, 이른바 '서구형 모델'로 정치적 인도주의에 기초한(국민의 직접선거로 대통령을 뽑고, 의회 선거는 남녀의 보통선거로 실시하며 국민의 직접 입법 발의도 가능한) 민주주의 체제에 정당성을 느낄 수 없었습니다. 더구나 의회에서는 중앙당 및 사회민주당이 독자적인 국가 이념도 없이 국민은 뒷전에 둔 채 대외적 목표만 내걸고 있었습니다. 국민 대다수는 이런 체제를 의심의 눈초리로 바라보았습니다.

기나긴 역사를 통해 독일인의 뇌리에는 '국가의 정점에 있는 위대한 권력자의 명령에 당연히 복종해야 한다'는 생각이 깊이 박혀 버렸습니다. 따라서 민주주의 체제의 선거 제도와 정당 연립 기구, 합리적이고 기계적인 메커니즘 등은 시기상조였는지도 모릅니다. 하룻밤 사이에 독일제국이 바이마르공화국으로 바뀌어 "의회제를 시행하라! 황제는 이제 없다!" 하고 외쳐 본들, 의회는 정당끼리 논쟁하고 교섭하고 타협하느라 긴 시간을 헛되이 낭비하는 것으로 비칠 뿐이었습니다. 이렇게 아무도 책임지지 않는 정치 형태는 외면받을 수밖에 없지요. 국민은 오히려 자신감과 책임감을 갖고 단호하게 결정하고 명령하는 힘 있는 제왕을 원했습니다.

아울러 '자연적' 생활 기반인 '민족'을 토대 삼아 베르사유조약으로 분할·몰수당한 영토를 회복하고 '제국'을 재생해야 한다는 생각이 힘을 얻었습니다. 국가 체제와 입헌정치의 동요, 신앙과 전통의 분열 속에서 바이마르 체제를 극복할 새로운 정치 형태를 실현하기 위해 헤르더의 유기체 사상과 맥을 같이하는 민족 이념이 대두한 것입니다. 종래의 관리와 재판관, 군 수뇌부가 그대로 살아남아 권력을 쥔 것도 민족에 대한 정념으로 민주주의 체제를 타도하도록 부추겼습니다.

그때부터는 우익 의용군 집단이 주도한 카프 폭동(1920년 3월), 소비에트사회주의공화국연방(소련)과 상호간 외채와 배상을 상쇄하기로 한 라팔로조약(1922년 4월), 프랑스의 루르 지방 점령(1923년 1월)과 저항이 이어집니다. 인플레이션은 한층 더 심해지고 사회적 불안이 팽배해졌습니다.

히틀러와 제2차 세계대전

이러한 상황에서 등장한 인물이 바로 아돌프 히틀러Adolf Hitler(1889~1945)였습니다. 1921년부터 국가사회주의 독일 노동당(나치스)의 당수였던 그는 베르사유조약 파기와 반유대주의를 주창했습니다. 1923년 11월 히틀러는 뮌헨 폭동(비어홀 폭동)으로 정권 탈취를 노렸지만 실패하고 금고형을 받았습니다. 그 후 일시적으로 경제가 회복 및 안정세로 돌아서자, 로카르노조약*(1925)을 체결하고

---

*　　1925년 10월 16일 스위스 로카르노에서 독일, 영국, 프랑스, 이탈리아, 벨기에, 폴란드, 체코슬로바키아가 유럽 안전 보장을 위해 체결한 조약. 독일 국경의 현상 유지 및 상호 불가침, 상호 전쟁 금지, 분쟁의 평화적 처리, 중재 재판 등을 골자로 한다.

국제연맹에 가입(1926)하는 등 독일은 국제적인 인정을 받고 평화를 유지하는 것처럼 보였습니다.

하지만 1929년에 일어난 세계 대공황의 풍랑이 독일까지 덮쳤고, 미국에서 빌려 오던 자금도 끊겨 버렸습니다. 대량 실업과 빈곤으로 사회가 혼란한 틈을 타 히틀러를 떠받든 나치스가 세력을 넓히기에 이릅니다.

불행하게도 진승국과 협조해 독일을 인정시키는 데 힘쓴 구스타프 슈트레제만Gustav Stresemann 수상마저 이해에 세상을 떠나고 말았습니다. 나치스는 1932년에 제1당으로 약진했고, 히틀러는 이듬해 수상이 되었습니다. 경제 재활성화에 성공해 인기를 얻은 히틀러는 자기 당 이외의 정당을 금지하고 노동조합을 탄압하는 등 기본적인 인권을 무시해 버렸습니다.

수상과 대통령을 겸임하면서 전권을 장악한 총통 히틀러는 군의 최고 통수권을 차지함으로써 국방군까지 손에 넣었고, 돌격대, 친위대 등을 조직했습니다. 1933년 10월 국제연맹 탈퇴, 1935년 1월 국제연맹이 관리하던 자르 지방의 회복, 같은 해 3월 징병제 부활, 1936년 3월 로카르노조약을 파기하고 라인란트에 주둔, 1938년 3월 오스트리아 합병에 이어 뮌헨 협정을 통해 10월에는 체코 국경에 인접한 산지 수데텐란트 점령, 1939년 3월 체코슬로바키아 침공, 같은 해 9월 폴란드 침공 등등을 자행하다가 결국 제2차 세계 대전을 일으킵니다. 5년 반 동안이나 지속된 전쟁으로 5,500만 명이 목숨을 잃었고, 유럽 전체가 더할 수 없이 황폐해졌습니다.

히틀러는 독일 안에서도 차마 말로 못할 만행을 저질렀습니다. 바로 유대인 박해와 대학살입니다. 그는 1935년 9월에 나치스 집회에서 '뉘른베르크법'이라고 총칭하는 두 가지 법안을 승인했습니다. 하나는 '제국시민법'입니다. 이 법은 독일인이나 독일 혈통의 국민에게만 시민권과 참정권을 부여했습니다.(달리 말해 유대인에게서는 이를 박탈했습니다.) 또 하나는 '독일혈통및명예보존법'입니다. 이 법은 독일인 및 독일 혈통의 국민과 유대인의 혼인 및 혼외 성관계를 금지하는 동시에 유대인이 45세 이하의 아리아인 하녀를 고용하는 것도 금지했습니다.

그 후 수년간 나치스는 많은 유대인을 강제로 국외로 이주시키고 재산을 몰수했습니다. 1941년 6월에 독일과 소련이 전쟁을 개시하며 강제 이주 정책이 파탄 나자, 결국 '유대인 문제의 최종적 해결'로 옮겨 갑니다. 유대인을 모조리 붙잡아 강제수용소에 가두고, 유대인 문제를 '해결'한다는 명목으로 가스실 등에서 살육했던 것입니다. 살해당한 유럽의 유대인 수는 600만 명을 웃도는 것으로 추정됩니다.

히틀러유겐트와 반더포겔

그러면 나치 독일이 이상으로 삼은 '독일인'은 어떤 인종, 어떤 민족이었을까요? '금발에 푸른 눈을 가진 키 큰 인종으로 태곳적부터 순혈을 이어 온 건강한 인간', 즉 아리아인이었습니다. 개중에서도 젊은이는 장차 독일을 짊어지고 나갈 세대라는 점에서 특히 나치스의 관심이 집중되는 표적이었습니다.

1926년에 히틀러유겐트(히틀러 청소년단)라는 조직이 결성되었습니다. 14~18세 독일 청소년 다수가 가입한(1936년 이후로는 모든 독일 남녀 청소년의 가입이 의무화된) 이 조직은 나치스의 친위대에 속했습니다. 건강한 병사가 되기 위해 젊은이들이 운동경기, 군사훈련, 봉사활동, 야영 등에 참가했습니다. 10~14세 대상 소년단과 소녀단도 있었습니다. 이들은 모두 나치스가 독자적으로 운영하는 시설에서 '독일인답게 생각하고 행동하기' 위한 교육을 받았습니다.

히틀러유겐트가 질서 있는 군사훈련 이외에도 야영 활동을 중시했다는 점에서 '반더포겔'이 떠오릅니다. 실제로 반더포겔이 나치 시대에 히틀러유겐트로 흡수되었다고 하니, 둘 사이의 연관성을 쉽게 확인할 수 있습니다.

반더포겔이란 어떤 운동이었을까요? 19세기 말부터 20세기 초에 베를린에서 태동한 이 운동은 이후 독일 각지로 퍼져 나갔습니다. 목표는 심신이 건전한 젊은이를 육성하고 애국주의를 고취하는 것이었지요. 본격적으로 운동 조직을 결성한 것은 1901년입니다. 반더포겔은 자연환경과 친밀한 관계를 맺으면서 숲이나 농촌으로 하루 내지 반나절 동안 떠나는 집단 도보 여행이었지만, 때로는 몇 주 동안 계속 여행하기도 했습니다. 반바지에 무거운 배낭을 짊어지고 기타까지 멘 젊은이들은 밤이 되면 캠프파이어를 둘러싸고 전통 민요를 합창하며 포크댄스를 즐겼습니다.

　자연을 숭배하고 고대 게르만을 동경하는 낭만적인 마음을 품은 반더포겔은 웅대한 산악과 광활한 황야로 나가기도 했지만 사람이 가꾼 가까운 숲이나 초원, 야산이 더욱 빈번한 활동 무대였습니다. 높은 산에 오를 때처럼 장비나 훈련, 강한 체력이 필요하지 않은 하이킹과 비슷한 활동이었지요. 그들이 고성古城에 머무르던 습관에서 유스호스텔이 생겨났다고 알려져 있습니다.

　실제로 반더포겔은 최고 전성기에도 독일 전체를 통틀어 3만 명이 못 되는 인원밖에 참가하지 않았던 모양입니다. 그러나 정식 구성원은 아니더라도 가끔 참가하거나 비슷한 운동에 눈뜬 이들까지 포함하면 대단히 많은 젊은이를 끌어들인 운동이었고, 이후 세대에 유형무형의 영향을 미쳤다는 사실은 틀림없습니다.

투르넨 운동

반더포겔보다 앞서 독일의 해방을 위해 스포츠를 진흥하려는 움직임도 있었습니다. 프리드리히 얀Friedrich Jahn(1778~1852)이라는 국수주의자는 독일이 나폴레옹의 침공을 받아 지배당한 원인이 전통적인 운동 문화가 쇠퇴했기 때문이라고 생각했습니다. 그래서 동료들을 모으고 젊은이들의 찬성을 얻어 운동 문화의 부흥을 꾀했습니다. 바로 투르넨Turnen(체조)이라고 부르는 일종의 청소년 체육 활동입니다.

얀은 베를린 교외의 초원을 약간 손질해 운동장을 만들고 달리기, 투창, 도약 등에 필요한 도구를 모았습니다. 그룹을 짜서 종목마다 돌아가며 운동을 진행했는데, 1810년대 말에는 150군데에서 1만 2,000명이 활동했다고 합니다. 운동을 하는 동시에 여러 친구를 사귈 수 있다는 점에서도 투르넨 운동은 인기를 끌었습니다.

얀의 사상에 동조하는 학생들은 대학을 거점으로 삼아 '부르셴샤프트'Burschenschaft라는 애국주의적 학생 동맹을 만들었습니다. 1817년 10월, 중부 독일의 튀링겐 숲속에 있는 바르트부르크 성에서는 대학생 수백 명이 모여 루터의 종교개혁 300주년과 라이프치히 전투(1813)에서 나폴레옹에 승리한 것을 기념하고 축하하며 통일 독일과 자유 독일을 실현하자고 외쳤습니다.

그 후 1819년 메테르니히가 부르펜샤프트를 위험한 활동이라며 금지했고, 투르넨 운동까지 전면적으로 폐지될 위기에 놓였습니다.

그러다가 1842년에 제조 금지령이 해제되자, 금세 각지에 체조 클럽이 만들어졌고, 젊은이들은 그곳에서 각종 운동을 즐기면서 친교를 나누었습니다. 훈련 성과를 과시하면서 서로 경합하는 체조 축제도 개최했습니다. 1860년에는 전국적인 규모의 독일 체조 축제가 열렸는데, 애국주의적 식전式典도 함께 치렀습니다. 실로 체조를 통해 참가자와 관객 모두가 독일의 통일을 의식하고 제국에 귀속한다는 자각을 키워 나갔습니다.

오늘날 많은 독일인들이 스포츠를 즐기고 스포츠클럽에 참여하는 것이 '투르넨' 운동의 영향이라고 볼 수 있습니다. 또한 지금도 일상적으로 야산에 올라 걷는 것을 무척이나 즐기는 독일인의 뿌리 깊은 습속은 반더포겔과 연관이 있습니다.

훌륭한 삼림 활용

독일인들은 고대부터 줄곧 '숲은 인간을 지켜 주는 존재'라고 생각해 왔습니다. 숲에는 정의가 있고 사랑이 있습니다. 근대에 들어오면 낭만파 시인들이 숲의 아름다움과 올바름을 노래합니다. 『그림 동화』를 봐도 숲속 과자 집에서 마녀에게 잡아먹힐 뻔한 헨젤과 그레텔은 목숨을 건지고 마녀는 불에 타 죽고 맙니다. 이렇듯 숲은 선과 악을 가르는 곳입니다.

숲은 단순히 목재와 맑은 물을 얻을 수 있는 곳일 뿐 아니라 독일인의 영혼이 깃든 곳이기도 합니다. 그런 만큼 한때는 난개발로

- 삼나무와 가문비나무 등 침엽수만 심은 숲(위)과 졸참나무와 너도밤나무 등 활엽수도 섞어 심은 숲(아래). 혼합림은 다양한 생물군을 유지하며 보수력(保水力)이 뛰어나다.(그림: 미야모토 이쿠코)

황폐해진 삼림을 다시 살리기 위해 다대한 노력을 기울였습니다.

근대에는 수목의 특질도 파악할 수 있게 되었습니다. 1900년대 초부터는 모든 나무를 일제히 베어 내는 생태계 파괴적인 벌채 방식이 아니라 수목의 종류, 수령의 다양성을 유지하면서 자연 친화적인 벌채를 시행했습니다. 덕분에 비료를 뿌리거나 병충해로 고사한 나무를 제거하는 비용을 아낄 수 있었고 벌거숭이 땅도 줄어들었습니다. 또한 온갖 수목과 잡초가 층층이 풍부한 생태계를 조성해 야생동물도 적정한 수준으로 유지되었습니다.

사실 일본도 삼림이 국토의 3분의 2를 차지할 정도로 세계에서 손꼽히는 숲의 나라입니다. 그러나 무턱대고 삼나무와 노송나무 같은 침엽수만 심은 까닭에 목재를 제대로 얻기는커녕 방치된 숲이 적지 않습니다. 한편, 국토의 3분의 1 내지 4분의 1이 삼림인 독일에서는 소나무, 가문비나무를 비롯한 침엽수림에 너도밤나무와 졸참나무 같은 활엽수를 섞어 심어 균형 있게 재배하고 있습니다. 또한 주요한 재목을 베어낸 뒤에는 가지치기와 솎아베기 및 재목을 다듬는 과정에서 나오는 나뭇조각이나 톱밥까지 버리지 않고 장작, 펄프용 칩, 펄프, 팔레트를 만드는 등 알뜰하게 사용하고 있습니다. 이런 것들은 가구와 와인 마개, 기타 건축 재료나 공업용 재료가 되기도 하고, 가정의 난방과 급탕 시스템에도 널리 사용됩니다.

독일에서는 풍부한 삼림 자원을 낭비 없이 이용할 뿐 아니라 시민의 쉼터로도 숲을 활용하고 있습니다. 숲을 생명과 생활의 근원으로 삼으려는 생각에서 삼림을 계획적으로 육성하고 관리하지요.

- 침엽수와 활엽수의 혼합림
(메클렌부르크포어포메른주)

숲속에 임산도로를 만들어 놓고, 도중에 휴식할 수 있는 오두막과 벤치, 표지판도 충실하게 설치했기 때문에 시민들은 마음 편하게 숲에 들어갈 수 있습니다. 그곳에서 친구들과 산책, 조깅, 하이킹, 사이클링, 승마, 산나물 캐기와 열매 따기 등을 즐기면서 스트레스를 해소하고 기운을 차리기도 합니다. 그래서 독일인들은 숲의 유지와 관리 및 생태계 보전에도 성실하게 애쓰고 있습니다.

알다시피 숲을 잘 관리하면 질 좋은 토양을 보전할 수 있으며,

기후를 조절하고 이산화탄소 발생을 줄여 온난화를 방지하는 데도 도움이 됩니다. 나아가 숲은 막대한 양의 물을 저장하는 저수지 역할도 해냅니다. 숲이 건강하게 자리 잡은 곳에서는 홍수가 일어나지 않습니다.

독일의 산악 지대는 강우량이 엄청나고 적설량도 많습니다. 그로 인해 많은 양의 물이 강으로 한꺼번에 흘러들지 않도록 숲이 조절해 줍니다. 마치 댐처럼 숲 아래 땅속에 물을 저장해 두었다가 조금씩 흘러 보내 하천의 평균 수량을 맞추는 것입니다. 호수와 늪 등의 보유수保有水*, 토양 표면을 적시는 표층수 등을 보전하는 데 도움을 주고, 삼림을 끼고 흐르는 하천 유역에서는 풍수해와 산사태를 막는 방파제 역할도 합니다. 숲이 필터 역할을 해 수질도 개선·유지할 수 있습니다.

독일의 삼림은 주, 자치구와 단체, 민간 소유로 나뉘어 있습니다. 사업성과 무관한 산악 지대 등은 주에서 보호와 관리를 맡고, 민간 경영이 가능한 곳은 민영화했습니다. 중세에 국왕과 교회가 소유했던 광대한 숲이 국가 혹은 주에서 공적으로 관리하는 대상이 되었습니다.

독일에서는 임업이 인기가 있고 삼림학 연구도 왕성합니다. 지역 삼림 생태계에 대한 전문 지식을 갖춘 산림청 및 영림서營林署의 공무원들이 해당 지역의 삼림 관리와 숲 조성을 맡습니다. 지방분

---

* 중력에 따라 지하수가 자유롭게 이동, 배출한 뒤에 암석이나 토양에 남아 있는 물.

권이 잘 이루어졌다고 할 수 있겠지요. 임업은 자동차, 전기와 전자, 기계 산업과도 연관된 독일의 주요 산업이고 경영도 충분히 잘하고 있다고 합니다. 풍부한 삼림 자원을 갖고 있으면서도 효율적으로 활용하지 못하는 일본과 대조적이라고 하겠습니다.

삼림 보호가 자연 보호

여태 설명한 내용을 보면 삼림을 보호하는 것이 곧 자연 전체를 보전하는 핵심적인 정책이라는 사실을 알 수 있겠지요. 독일 곳곳에 물을 조절하는 수원함양림水源涵養林 등의 보호림이 있는 것은 그때문입니다. 또한 숲은 밭을 둘러싸고 비옥한 흙 표면이 비바람에 소실되는 것을 막아 줍니다. 삼림이 없으면 농업도 제대로 해 나갈 수 없습니다.

삼림이 지속 가능한 방식으로 기능하도록 독일이 노력하는 것은 결국 생태계 전체를 보호하기 위해서입니다. 나무를 심든 벌채를 하든 나무의 연령이나 종류까지 감안해 균형 있게 관리하며, 영림서는 나무 한 그루 한 그루에 주의를 기울여 구석구석 살피는 등 인력과 예산을 아끼지 않습니다. 농약은 최소한으로 줄이고, 토양과 삼림을 훼손하지 않도록 주의하며, 산새의 보금자리가 있는 나무는 쓰러지지 않도록 지키고, 자연의 섭리에 따라 수목의 세대교체가 이루어지도록 합니다. 고유 생물종을 지켜 생태계를 유지하는 것을 중요시하는 방침이지요.

서독에서는 1970년 기본법 개정 당시 처음으로 '자연 보호'라는 법 개념을 헌법에 명시했습니다. 그리고 주마다 제각각이던 산림법을 일괄적으로 조정하기도 하고 국가 차원에서 구체적인 대책을 균형 있게 시행할 수 있도록 연방자연보전법(1976)을 제정했습니다.

각 지역의 특성에 맞게 대응하기에는 지방분권이 적합하지만, 보다 효율적인 보호 대책을 대규모로 실행하려면 국가 차원의 대응이 필요하다고 봅니다. 중앙 정부든 지방 정부든 방대한 예산을 들여 철저한 의지로 자연 보호에 임하는 모습이 과연 독일답습니다.

무의식이라는 지층

이제까지 '자연'과 직접적으로 관계된 독일적 사조 가운데 힐데가르트 폰 빙엔의 자연론, 낭만주의의 자연 숭배, 나아가 헤르더의 유기체 사상까지 살펴보았습니다. 여기에 20세기를 대표하는 심리학 학설인 정신분석학과 심층심리학을 보태도 좋지 않을까 합니다. 오스트리아의 프로이트와 스위스의 융의 학설이지요. 지금은 독일이 아니지만, 넓게 보면 독일어권에서 나온 것이니 의미가 있을 것입니다.

프로이트는 1856년 모라비아의 프라이베르크(현재는 체코의 프리보르)에서 태어나 1939년 런던에서 사망했습니다. 평생 빈에서 인간 정신에 대해 연구한 프로이트는 이렇게 주장했습니다. "인간은 평소 '의식', 즉 자아적 의식에 의지해 생활하는데, 이를 바탕으로

- 지그문트 프로이트

정상적인 인간관계를 맺고 사회를 구성한다고들 한다. 그러나 실제
로는 그러한 '현재懸在 내용'을 보여 주는 의식의 뒤편 또는 아래에
'잠재 내용'을 지닌 무의식의 세계가 있는데, 그것도 인간관계를 깊
이 규정하고 있다."

무의식 세계에는 '에스'Es*라는 욕망이 꿈틀거리고 있다고 합니
다. 당연하게도 평소에는 의식의 검열을 받고 억압 또는 망각 상태
에 놓여 있지만, 무의식의 세계야말로 인간 정신을 깊이 규정한다
는 것이 프로이트의 주장입니다.

인간의 마음은 말하자면 층을 이루고 있는데, 가장 아래쪽 깊은

---

*   '그것'이라는 뜻으로, 라틴어로 이드(id)라고도 한다. 프로이트는 에스가 자아 및 초자아와 함께
정신을 구성하는 한 부분이라고 생각했다.

- 카를 구스타프 융

곳에 있는 것이 무의식입니다. 프로이트는 이 무의식을 밝은 곳으로 끌어내는 것이 중요하다고 생각했습니다. 한 사람의 개인사를 두고 말하자면, 유아기의 모자 관계로까지 '거슬러 올라갈 것'을 지향합니다. 이를 '심층심리학'이라고 부릅니다. 꺼림칙함이나 불안 같은 심리와 깊이 관계를 맺으며 그것에 직면하고 사로잡히고 전율하는 것은 병리이기는 해도, 그것을 통해 유아기로 퇴행하는 것을 허용하는 것입니다. 그러므로 정신분석이란 일종의 '정신의 지지학 地誌學·고고학'과 같은 것이기도 합니다.

한편, 융은 1875년 스위스의 투르가우에 있는 작은 마을에서 프로테스탄트 목사의 아들로 태어나 1961년 취리히 호숫가 마을 퀴스나흐트에서 죽었습니다. 바젤에서 중등 및 대학 교육을 받고 취리히의 유명한 부르크횔츨리 정신병원에서 경력을 쌓기 시작했습니다. 처음에는 프로이트와 협력 관계였지만 제1차 세계대전 이후 결별하고, 집에 찾아오는 환자만 진찰하면서 자신의 학설을 세워 나갔습니다.

그는 환자의 환각이나 망상, 꿈에는 프로이트가 말하는 의식에 의해 억압당하는 무의식의 영역보다도 훨씬 심오한 층, 이른바 인류의 집합적 무의식에 속하는 보편적 상징이 나타난다고 생각했습니다. 보편적 이미지의 바탕이 되는 표상 가능성, 즉 원형과 꿈이나 민족 신화를 통해 구체적인 이미지를 휘감고 나타난 원형적 이미지 (상징)를 대거 밝혀냈습니다. 프로이트가 개개인의 유아기로 거슬러 올라갔다면, 융은 인류의 기원으로 거슬러 올라갔던 것입니다.

프로이트와 융의 심층심리학에는 독일(어)권의 심리학자가 아니라면 이르지 못할, 정신의 심오한 **지층을 파 내려간다**는 기본적 태도가 숨어 있습니다.

20세기의 가장 위대한 철학자로 손꼽히는 마르틴 하이데거(1889 ~1976)에 대해서도 살펴봅시다. 그는 일생을 슈바르츠발트에서 시작해 그곳에서 생을 마쳤지요. 게다가 학기 중이 아니면 언제나 숲 속 농가에 지은 오두막에 은거하면서 자연과 교감하고 깊이 사색하며 연구를 진척시켰습니다. 그래서 '검은 숲의 철학자'라는 별명으로 불리기도 합니다. 「창조적인 경관―왜 우리는 그 땅에 머무를까?」Schöpferische Landschaft: Warum bleiben wir in der Provinz?(1933) 라는 논고에서는 "내 작업을 떠받치고 이끌어 주는 것은 모두 이

산과 그곳 농부의 세계"라고 말합니다.(『사유의 경험에서』*Aus der Erfahrung des Denkens*, 1954.)

따라서 프로이트나 융과는 의미가 다르지만, 분명 하이데거도 '자연'을 사색의 원천으로 삼았습니다. 충격적이게도 그가 히틀러에 눈이 멀어 나치 독일을 예찬하는 연설을 할 정도로 나치즘에 동조한 데에는 독일 민족과 자연의 독특한 관계에 대한 신념이 작용했는지도 모릅니다. 프라이부르크대학 학장이었던 하이데거는 학생들 앞에서 나치스가 영웅으로 추앙한 어느 의용군 병사를 추모하는 연설을 했습니다. "이 의용병은 총구를 앞질러 나가 슈바르츠발트의 산과 숲과 계곡을 심안으로 바라보며 독일 민족과 독일제국을 위해 죽어 갔습니다." 그는 이런 말로 히틀러에게 충성을 맹세했던 것입니다.

'음악의 나라 독일'이라는 신화

19세기 중반까지 300개가 넘는 작은 영방들이 분립해 있던 독일은 통일국가가 되었지만 중앙집권 국가로 이행하지는 못했습니다. 지방분권 제도가 강하게 뿌리내린 탓에 지방마다 상이한 문화 정책과 언어(방언)가 그대로 남아 있었습니다. 독일에는 괴테, 토마스 만처럼 세계문학의 반열에 오른 작가가 적은 반면 이른바 지방문학이 우세했던 것 역시 아마도 지방주의로 설명할 수 있겠습니다.

그런데 음악은 사정이 전혀 다릅니다. 음악에는 지역을 뛰어넘어 보편으로 비상하는 힘이 있습니다. 독일은 '자고로 음악만큼은 유럽의 본보기가 되어 가히 음악의 나라로 추앙받고 있다'고 자부해 왔습니다.

실제로 이런 인식이 생겨난 것은 그리 오래되지 않았습니다. 독일이 '음악의 나라'로 알려진 경위에 대해서는 요시다 히로시吉田寛가 『'음악의 나라 독일'의 계보학』〈音楽の国ドイツ〉の系譜学(2013)에서 자세하게 논의하고 있습니다.

이 책에 따르면 17세기까지는 "이탈리아야말로 완전하고 뛰어난 음악의 양식을 가진 나라"였다고 합니다. 17세기 전반에 유럽에서 음악의 중심축을 이루는 나라라고 하면, 실천적으로나 이론적으로나 단연 이탈리아를 손꼽았지요. 다른 나라는 이탈리아에서 음악을 배워 갈 뿐이었습니다. 18세기에도 이탈리아 오페라가 유럽 전역에서 얼마나 위세를 떨쳤는지, 영국과 독일의 국민 오페라가 싹트는 것을 좌절시켜 버릴 정도였습니다. 그러나 18세기에는 다양한 민족의 음악적 취향에서 훌륭한 요소를 끌어내고 받아들여 '혼합'하는 것이 '보편적'이고 바람직한 취향으로 여겨졌습니다.

이탈리아 양식과 프랑스 양식을 자기 고유의 양식과 혼합해 독특한 세계 음악을 창조해 낸 인물이 바로 독일(오스트리아)의 모차르트였습니다. 모차르트의 음악은 누구나 좋아할 만큼 보편적이어서 이제 다른 나라가 독일의 음악을 흉내 내기에 이르렀습니다.

자연과 독일(인)의 깊은 관계로부터 음악과 관련한 흥미로운 주장이 나왔습니다. "음악은 자연의 모방이 아니라 자연 그 자체, 자연의 보편적인 언어다. 그러므로 노래와 노랫말 없이 악기만으로 이루어진 순수 기악곡이 더 훌륭하다." 이러한 주장은 나중에 낭만주의 시인이자 평론가인 빌헬름 바켄로더(1773~1798)와 낭만주의 작가이자 작곡가인 E. T. A. 호프만을 거쳐 완성됩니다. 기악의 나라 독일이라는 관념과 정체성은 1770년대에 생겨나 19세기에 확립됩니다. 그리하여 독일성이 보편적으로 인정받고 프란츠 요제프 하이든(1732~1809)이 위대하다는 평가를 받기에 이르렀습니다.

18세기 후반 이후, 특히 19세기에 헤르더적인 민중-민족정신론이 힘을 얻자 '혼합 취미'는 불순하다는 주장이 나왔습니다. "민중은 자연의 길을 걸으며 건전하게 사고할 뿐 아니라 신이 내려 준 감각으로 사람들을 이끄는 양심의 소리를 낸다. 민중은 지식인보다 훨씬 자연에 가까운 피조물이며, 지금은 잃어버린 이상적 존재다." 헤르더는『민요집』(1779) 2부 서론에 이렇게 썼습니다.

헤르더가 보기에 음악은 인간의 정신을 형성하는 가장 근원적인 예술이었습니다. 아직 말을 할 줄 모르는 어린애라도 노래는 할 수 있다는 말이지요. 음악이 민족적 감정의 순수한 현현이고 민족 전체의 조화로운 감정을 표현하는 것이라면, 독일 정신을 짊어지고 있는 작곡가야말로 위대하다고 할 것입니다. 그런 뜻에서 바흐는 최초의 위인으로 새삼 숭앙받았고, 독일 음악의 최종 단계이자 유럽 음악사의 최고봉에 베토벤의 교향곡이 올랐습니다.

다음 단계에 등장하는 인물이 리하르트 바그너(1813~1883)입니다. 헤르더를 계승한 바그너는 나치온Nation(국민, 국가)과 구별하여 폴크Volk(민중, 민족)를 상위에 올려놓았습니다. "나치온은 인공적인 구성물이지만, 폴크는 보편적인 인간을 가리킨다"는 것입니다.

독일은 국민국가 형성이 늦은 만큼, 하나의 국가에 귀속하는 하나의 국민이 아니라 지역에 뿌리박은 민족성을 바탕으로 국민 의식을 길렀습니다. '독일 민족'이라고 말할 때는 눈에 보이지는 않아도 일상적인 자신을 비추는 거울과 같은 거시적이고 심오한 통일체를 상정합니다. 그것은 유적類的 존재인 인간과 현실에 따로따로 존재하는 개인 사이를 메워 주는 바탕이기도 하지요. 단조롭고 인공적인 국민성을 초월해 인간적인 보편성에 다다를 수 있는 것이 바로 '민족'인 것입니다.

바그너는 참으로 민중적이고 민족적인 요소를 토대 삼아 악극을 작곡함으로써 이상적인 독일을 완성하고자 했습니다.

이제까지 『'음악의 나라 독일'의 계보학』에 나오는 내용을 참고해 정리해 보았는데, 우리의 관심을 그러모아 약간 더 보충해 볼까 합니다. '민족'을 추구하는 바그너의 음악은 '민족'과 일체를 이루는 '자연'을 근원으로 삼는다고 할 수 있습니다. 바그너는 대체로 중세 전설에서 착상을 얻었습니다. 그는 작곡은 물론 작사도 직접 했습니다. 조형예술, 시, 음악 등 여러 장르를 통합한 종합예술(악극)을 지향한 바그너는 더욱 근원적으로 독일적인 것, 게르만적인 것을 추구하면서 '자연'에 접근해 갔습니다.

상징적인 예를 하나 들어 보자면, 바그너의 악극 「니벨룽의 반지」Der Ring des Nibelungen(1848~1874)에 등장하는 지크프리트는

- 자연의 아이 지크프리트(그림: 프란츠 스타센)

세속의 부와 사회적 성공으로부터 동떨어진 숲속에서 자란 자연의
아이입니다. 그는 분열해 버린 인간과 자연을 다시 통합하는 역할
을 담당하고 있습니다.

　현대 독일의 대표 작가인 토마스 만(1875~1955)도 "독일적이
지 않고도 음악가가 될 수 있을까?" 하는 식으로 몇 번이나 음악
과 독일인을 결부하는 발언을 했습니다. 대표작인 『파우스트 박사』
Doktor Faustus(1947)도 그러한 생각이 결실을 맺은 작품이겠지요.
소설의 배경은 민족성에 뿌리내린 피의 국가가 만행을 저지르고,
눈을 반짝이는 청년이 대오를 지어 거리를 행진하고, 대중은 행복
에 취해 있던 시대입니다. 그 속에서 독일의 혼을 대표하는 인물인
작곡가 아드리안 레버퀸이 주인공으로서 소설의 이야기를 끌어갑

니다. 아드리안 레버퀸은 언제나 세상과 사람을 피해 늪과 못이 있는 땅이나 숲속 목초지 안에 있는 농가 또는 산악 지방의 숙소에 틀어박혀 작곡하거나 사색하는 인물로 묘사되어 있습니다. 이 작품에서도 음악과 자연이 독일인의 혼을 나타내는 대명사처럼 쓰이고 있지요.

"독일이 음악의 나라, 그것도 민족음악이 아닌 보편적으로 통용되는 음악의 나라로 여겨지기 시작한 것은 기껏해야 19세기부터다. 그 후 눈에 보이지 않는 음악이라는 내면적 예술을 매개로 독일이라는 근대국가 및 국민-민족주의 이념이 미적으로 확립되었고, 그것이 현실의 분열 상태를 극복하는 민족 정체성이 되었다." 이것은 요시다 히로시의 생각입니다. 그의 생각에 동의하는 한편, 한 발 더 나아가 단순한 이념에 머물지 않는 음악과 자연의 깊은 관계를 좀 더 강조하고 싶습니다.

청결한 제국

독일인이 제1차 세계대전의 비참한 재앙과 패배를 겪고 나서 얼마나 궁지에 몰렸는지, 그러고 나서 어떻게 나치즘에 휩쓸려 갔는지에 대해서는 6장 첫머리에 간단하게 적어 놓았습니다. 나치와 히틀러의 행위는 인류를 향한 터무니없는 범죄입니다. 그러나 그들의 행위가 후세에 죄다 부정당한 것은 아닙니다.

최근 연구를 통해 현재의 에콜로지 사상으로 이어지는 법제와 운동에는 나치 시대에 적극적으로 추진한 요소가 상당히 포함되어 있다는 사실이 밝혀지고 있습니다. 일부는 이미 이야기했지만, 좀 더 시대를 거슬러 올라가 관찰해 보기로 하지요.

독일에서는 부엌을 깨끗하게 정돈하고 기하학이나 수학처럼 합리적인 부엌 사용법을 익히는 대신, 요리의 내용이나 모양을 꾸미고 맛을 더하는 일에는 별로 품을 들이지 않습니다. 하루 중 주요한 끼니인 점심 식사에는 불을 사용해 조리하지만, 저녁에는 앞서 말했듯 부엌을 더럽히지 않기 위해 칼테스 에센Kaltes Essen이라고 해서 빵, 샐러드, 치즈, 햄 등 찬 음식으로 끼니를 때웁니다. 요컨대 부엌을 깨끗하게 정돈하는 것이 조리의 최종 목적입니다. 오늘날까지 이어지는 이러한 식사 습관은 바이마르공화국 시대부터 시작되어 나치 시대(1933~1945)에 정착했습니다.

후지하라 다쓰시藤原辰史의 저서『나치스의 부엌』ナチスのキッチン(2012)에 따르면, 나치스의 제3제국이 '청결한 제국'으로 불린 적이 있습니다. 그것은 제3제국이 주요 표적으로 삼은 성性 문제나 인종주의, 즉 유대인을 '기생충'이라 부르며 배척하는 만행에서 나온 표현입니다. 주부들은 청결한 제국을 실현하기 위해 가정 안에서 낭비를 줄이고 공간을 청결하게 유지하라는 요구를 받았습니다. 부엌 때를 벗기고 해충을 박멸해야 했고, 조리 후에 남는 식재료를 목적에 맞게 재활용해야 했습니다.

히틀러는 평생 동안 금주와 금연, 채식을 실천했습니다. 친위대장 하인리히 힘러Heinrich Himmler, 총통 대리 루돌프 헤스Rudolf

Hess, 그리고 그 부하들 대대수도 채식주의자로서 건강에 매우 신경을 썼습니다. 나치스는 금주·금연 운동을 펼치고 예방의학에도 힘을 기울여 국민들이 심신을 건강하게 유지하는 '건강한 국가'를 만들고자 했습니다.

이것은 남성은 건강한 병사가 되고, 여성은 가정을 지키는 건강한 어머니가 된다는 목표에 초점을 맞춘 사고방식이었습니다. 먹을거리 영양가를 일일이 평가하고, 고기 대신 콩을 먹도록 권장했으며, 통밀 빵에 섬유질이 많아 몸에 좋고 변비를 해소해 준다고 선전했습니다.(한창 웰빙 바람이 불던 현대 사회도 이와 비슷했지요.) 『나치스의 부엌』 5장에 이런 내용이 나옵니다.

나치스는 튼튼한 국민을 육성하는 일을 위생학이나 건강 운동으로 전개했습니다. 결벽증에 가까운 청결 추구가 국민운동으로 불거지면서 '이물질 배제'라는 비극도 일어났습니다.

프랑스 작가이자 외교관인 조제프 아르튀르 드 고비노Joseph Arthur de Gobineau(1816~1882)는 "인종 혼합이 문화의 쇠퇴를 초래한다"고 했는데, 그의 인종론에 영향을 받은 나치 독일은 서양 문명이 독일 민족을 위협한다는 인식 아래 민족 우월주의로 치달았습니다. 기독교 이전의 게르만적 세계관을 불러내는 동시에 인종적 민족주의라는 관념을 품은 것입니다.

'우량 인종'인 아리아인, 북방 게르만족의 순수한 육종育種*을 원

---

* 생물이 가진 유전적 성질을 이용하여 새로운 품종을 만들어 내거나 기존 품종을 개량하는 일.

하는 독일 민족 공동체는 서로 협력하며 형제처럼 사이좋게 살아가지만, 유대인을 비롯해 지체장애인, 정신장애인, 동성애자, 병약한 체질을 가진 사람 등 '열등 인종'으로 낙인찍힌 사람들, 나아가 공산주의자나 사회주의자는 공동체로부터 배제되어 강제수용소로 끌려가 학살당했습니다. 겨우 죽음을 면했더라도 '유전적 질환을 지닌' 것으로 여겨지는 약 40만 명의 장애인이 우생학에 근거해 단종수술을 받았다고 합니다. 이는 순수 독일인을 지키려는 '피의 법칙'에 따른 조치였습니다.

원래 아리아인은 언어학적 분류일 뿐 인도·유럽어족에 속하는 인종과 민족을 가리키는 총칭이었지만, 히틀러는 오직 북유럽인만 아리아인으로 한정하고 남아시아의 인도인 등은 철저하게 제외했습니다.

나치스는 유럽 동부로 독일(인)의 판도를 넓혀 가려 했습니다. 당초 예정으로는 농촌에서 180만 명, 도시에서 220만 명의 이주자가 필요했습니다. 폴란드인과 유대인을 강제로 이주시키거나 추방하고 살육함으로써 '가치 있는 혈통의' 독일 민족을 증대·강화하려는 계획이었습니다. 입식지로 삼은 곳의 민족성을 철저하게 독일화하고, 화학비료를 사용하지 않는 유기농업을 도입하고, 경관에도 '게르만적 풍경'을 복원하고자 했습니다. 철도, 운하, 도시와 농촌 등을 건설하고, 택지, 바람막이숲, 밭의 산울타리 등을 조성하고, 강비탈 식재나 습지 배수 등으로 입식지를 고향 같은 환경으로 바꾸고, 혼합림을 만들어 내려고 했습니다.

예전의 동방식민이나 프리드리히 2세의 자연 개조를 다시 한번 '동방'에서 기괴하게 재현한 정책이라는 생각이 듭니다.

나치 시대의 자연 보호

또 하나, 나치 독일 시대에 아우토반(자동차 전용도로)을 건설할 당시에도 이 도로가 과연 자연과 조화를 이룰 것이냐에 대한 논의가 있었고, 이에 따라 경관 보호와 복구에 힘썼다고 합니다. 아우토반 건설은 1933년 가을부터 시작해 1935년 5월에 프랑크푸르트와 다름슈타트를 오가는 구간을 부분적으로 개통했습니다. 그 후 1941년 말에 건설을 중지하기까지 개통한 도로 구간은 3,900킬로미터에 달했습니다.

아우토반을 건설할 때는 중앙분리대와 도로 양옆의 가로수를 중시했을 뿐 아니라 도로변에 펼쳐져 있는 숲을 보호하는 데 신경을 썼습니다. 정원 가꾸기나 나무 심기 방식으로 도로를 꾸미고 표층토를 보호하고 숲을 재건하며 차가운 느낌의 콘크리트는 배제하는 등 자연에 대한 배려를 잊지 않았습니다. 이렇게 완성된 도로는 자연의 윤곽선에 따라 아름다운 활 모양을 그렸고, 도로 양옆은 언제나 우아한 녹색으로 뒤덮여 있기 때문에 오늘날에도 풍경을 감상하며 쾌적한 드라이브를 즐길 수 있습니다.

아우토반 공사에 자연 보호와 경관 보호를 내걸었던 것이 다가 아닙니다. 나치 시대에는 동물 학대를 금지하고 동물의 권리를

- 아우토반

보장한 동물보호법(1933), 제국자연보호법(1935), 삼림황폐방지법
(1934년 성립해 1975년까지 유효) 등이 제정되었습니다. 또한 법제정까
지는 못 미쳤지만, 제국 산림법 초안이 1936년에 만들어졌지요. 자
연 보호 붐이 일어난 나치 시대에는 소름 끼치는 단종법이나 인종
차별법과 함께 이러한 법안들도 만들어졌습니다.

그러나 이를 두고 나치스가 첫 단추를 끼웠다기보다 바이마르공
화국의 전통을 이어받은 데 지나지 않는다고 평가하기도 합니다.
나치스의 향토 보호 운동보다 훨씬 이전인 19세기 말부터 비슷한
경향의 운동이 활발해진 것도 사실입니다. 민속 문화를 보호하는
차원에서 자연과 풍경 및 경관을 보호하자는 운동이었습니다. 이를
테면 음악가 에른스트 루도르프Ernst Rudorf는 1904년에 '향토보호

연맹'을 설립해 상당한 호응을 얻었습니다.

자연요법 숭배, 동물 애호, 동종 요법, 금연·금주 운동 등과 결합한 향토 보호 운동은 독일 중산계급과 교양 시민층을 중심으로 전개되었습니다. 따라서 나치스는 이미 존재했던 자연 보호 운동을 계승해 다양한 분야에서 법제화를 추진했다고 할 수 있겠지요.

클라인가르텐 운동

작은 구획의 원예 용지를 빌려주는 '클라인가르텐' Kleingarten (시민 텃밭) 운동도 이러한 맥락에서 다루어 보겠습니다. 클라인가르텐은 원래 도시 빈민층이 자급할 식용식물을 기르는 채마밭이었습니다. 그런데 1830년대부터 공업화와 도시화로 인해 녹지가 감소하자, 독일 각지의 대도시에서 녹화 사업을 벌이기 시작합니다. 20세기까지 녹화 사업은 발전을 거듭했고, 18세기 이후 정비된 풍경 정원의 산책로를 보완해 나갔습니다.

그런 곳은 1870년대 이후 부유한 시민 계층이 유유자적하는 장소의 성격이 짙어졌고, 가족이 함께 그 주위의 화단을 가꾸는 원예 활동이 유행했습니다. 당시 활기를 띠던 자연요법과 보조를 맞춘 원예 활동이었습니다. 19세기 말부터 20세기 초까지 일시적으로 대도시 주택문제 해결을 위해 클라인가르텐의 오두막이 주거지를 대신하는 경우도 있었습니다.

이리하여 녹색 환경의 재구축, 도시의 공원과 정원 조성 등의 계

- 베를린 시내의 클라인가르텐

획 아래 개발제한구역도 녹지로 조성해 갑니다. 본래 원예는 인간의 도덕심을 고양하고, 정신을 수양하게 하며, 심신을 건강하게 만든다고 생각했기 때문에 상류층에서는 남성뿐 아니라 여성도 텃밭을 가꾸었습니다.

19세기 말부터 교내에 원예 작업을 할 수 있는 화단을 조성하기 시작해 곧 독일 전역으로 확대됩니다. 학생들이 자연을 더욱 깊이 이해하고 몸소 작업하며 이것저것 배움으로써 도덕을 함양한다는 명분 아래, 채소, 과실나무, 화초, 약초, 향초를 재배했습니다.

19세기부터 펼쳐진 독일 각지의 녹화 사업과 앞에서 소개한 향토 보호 운동 등의 시도를 나치스가 이어받아 철저하게 실천했다고 볼 수 있습니다. 히틀러는 자신의 저서 『나의 투쟁』*Mein Kampf*

- 라이프치히의 클라인가르텐

(1925/1927) 1부 11장 '민족과 인종'에서 자연의 섭리를 이야기하면
서 이렇게 기술합니다. "자연 속에서 보편타당한 종족 순수화를 향
한 충동은 단지 개개 종족이 외부를 향해 엄격하게 경계를 설정하
는 것일 뿐 아니라 자기 자신 안에 있는 일종의 본질적 특성이기도
하다." 이러한 자연관이 왜곡된 인종 및 민족 사상과 결합한 까닭에
사회의 파괴로 이어졌던 것입니다.

　나치 시대의 독일은 허구적인 '순수 민족', '고등 인종'을 현실화
하기 위해 온갖 망상을 부풀린 사이비 과학에 혈통과 자연을 이용
했습니다. 발가벗긴 인간을 몇백 명씩이나 '샤워실'로 위장한 가스
실에 몰아넣은 뒤 맹독 가스를 분사해 몰살하고, 사체에 기름을 부
어 오븐 같은 용광로에서 태웠습니다. 몸에서 짜낸 기름으로 비누

를 만들고 혈액, 분뇨, 뼈, 재 등은 비료로 썼습니다. 무시무시한 대학살에 '자연 애호'나 '에콜로지'를 끼얹어 그야말로 인체를 이용한 '유기농업'을 실천한 것입니다. 어찌 등골에 소름이 끼치지 않을 수 있을까요?

경제 대국에서 환경 대국으로

유럽 속의 독일

7장에서는 제2차 세계대전 이후 독일에 대해 살펴보겠습니다. "두 번 다시 전쟁을 되풀이하지 말자. 나치즘처럼 무시무시한 국수주의가 또다시 등장해서는 안 된다." 독일 국민을 비롯해 유럽 전체가 이렇게 맹세한 가운데 전후 보상과 새로 제정한 법률, 그리고 무엇보다 EC(유럽공동체)와 EU(유럽연합)가 결실을 맺었습니다. '독일의 유럽'이 아니라 '유럽 속의 독일'이 전후 독일의 정치와 외교의 기본 방침이었던 것입니다.

1945년 5월 7일 무조건 항복을 선언한 독일은 미국, 영국, 프랑스, 소련, 이렇게 네 나라 군대에 점령당했습니다. 포츠담회담의 참가국들은 독일의 비非나치화, 비무장화, 민주화, 지방 분권화에 의견을 모았고, 이후 실천에 옮겼습니다.

독일인의 통일 정부를 인정받지 못한 채 소련이 점령한 지역에 동독 정부가 들어섰습니다. 독일은 동독(독일민주공화국)과 서독(독일연방공화국)으로 분단되었습니다. 서독의 신헌법은 '기본법'이라는 명칭으로 1949년 5월에 발효되었고, 이에 대항해 동독도 1949년 10월에 독일민주공화국 헌법을 발효했습니다.

독일에 합병되었던 오스트리아는 1955년에 주권을 회복했습니

덴마크

슐레스비히
홀스타인주

메클렌부르크
포어포메른주

함부르크

브레멘

니더작센주

브란덴부르크주
(서)베를린

폴란드

(동)베를린

네덜란드

노르트라인
베스트팔렌주

작센안할트주

라인강

벨기에

헤센주

튀링겐주

작센주

룩셈부르크

라인란트팔츠주

마인강

체코

자를란트주

바이에른주

프랑스

바덴
뷔르템베르크주

도나우강

스위스

오스트리아

■ 동독 지역. 이 지역의 주들은 1990년에 재편되었다.

- 제2차 세계대전 이후 독일

다. 한편 1,200만 명에 이르는 많은 독일인이 폴란드, 헝가리, 체코 슬로바키아에서 추방당해 겨우 목숨만 부지한 채 동서 독일로 돌아 왔습니다.

전후의 불안정한 상황 속에서 1948년 2월 25일에는 체코슬로바 키아의 수도 프라하에서 공산당이 소련의 지원을 받아 쿠데타를 일 으킵니다. 소련이 한층 더 서쪽으로 치고 들어오려는 낌새를 엿보 이자 서쪽 국가들은 일치단결해 저항했습니다. 이로써 최종적으로 는 1949년에 북대서양조약을 체결하고 NATO(북대서양조약기구)를 설립하기에 이르렀습니다.

　서독은 1955년 주권을 회복하자 NATO에 가입하고 재무장을 시작합니다. 미국이 추진하는 이른바 '마셜플랜'Marshall Plan(유럽 부흥 계획)에 따라 서독은 부흥을 위한 원조를 제공받고, 경제부 장관 루트비히 에르하르트Ludwig Erhard의 주도 아래 공정한 시장 질서에 근거한 자유경제를 채용해 '기적의 경제 부흥'을 달성했습니다.

　미국, 소련, 아시아가 부상하며 유럽의 힘이 여지없이 약해지는 가운데, 세계 안에서 존재감을 비중 있게 유지하기 위해서도 유럽은 반드시 단결해야 했습니다. 제2차 세계대전 후 곧장 서독 수상에 취임한 콘라트 아데나워Konrad Adenauer는 전후 부흥을 착실하게 주도하며 1950년 3월 '독일-프랑스 연합'을 제안했습니다. 프랑스도 서독과 협력해 자국 경제를 발전시키기 위해 5월에 로베르 쉬망Robert Schuman 외무부 장관이 '쉬망플랜'을 발표합니다.

　그 후 1951년에 ECSC(유럽석탄철강공동체), 1957년에 EURATOM (유럽원자력공동체) 및 EEC(유럽경제공동체)를 조인하고, 이것들을 통합한 EC의 창설 작업을 추진해 1967년에 실현했습니다. 맨 처음에는 6개국으로 출발했지만 서서히 가맹국을 늘려 갔습니다.

　나아가 헬무트 콜Helmut Kohl 정권(1982~1998)은 한스디트리히 겐셔Hans-Dietrich Genscher 외무부 장관을 중심으로 프랑스의 프랑수아 미테랑François Mitterrand 대통령과 협조해 EC를 한층 강화하기 위해 1991년 마스트리흐트에서 EU 창설을 결정했습니다. 1993년 11월에 드디어 EU가 출범했고 가맹국도 점차 늘어났습니다. 이렇게 유럽 통합의 움직임 속에서 독일(서독)은 프랑스와 더불어 중심적인 역할을 수행했습니다.

분열의 역사를 넘어

정치 체제와 이념에는 별 변화가 없는 동독에서도 서쪽으로부터 경제적·물적 이익을 얻으면서 변혁이 서서히 이루어졌고, 이에 동독과 서독의 국민적 염원인 독일 재통일이 수면 위로 떠올랐습니다.

소련 수뇌부는 동독을 바르샤바조약기구의 전략적 동맹국으로서 계속 묶어 두고 싶었지만, 동독 국민이 서유럽 문화에 매료당하면서 사태는 눈 깜짝할 새 급변했습니다. 1989년 11월 9일, 양국을 가로막고 있던 베를린 장벽이 드디어 무너지고 이듬해 10월 3일에 독일은 통합을 이루어 냈습니다.

경제적인 측면을 살펴보면, 1950년대 이래 서독 경제는 미국의 마셜플랜에 따른 원조를 받아 비약적으로 발전했습니다. 폐허가 된 자리에는 최첨단 설비를 갖춘 공장을 신설했고, 서독 제품은 우수한 품질로 세계적인 이목을 끌었습니다. 경이롭게도 1950년부터 1980년까지 연평균 경제 성장률이 무려 8~10퍼센트였습니다. 처음에는 짐짝 취급을 받던 동독의 경제도 눈부신 성장을 이루어 뒤떨어진 상태를 극복해 갔습니다.

독일의 경제 성장은 유럽에서 으뜸을 달렸고, 독일 제품의 경쟁력은 국제적인 우위를 점하면서 독일은 EU 가운데 가장 중요한 경제 대국이 되었습니다. 인구로 보나 경제력으로 보나 EU에서 1위를 차지하는 독일은 유로 위기가 닥칠 때마다 커다란 부담을 감수하면서도 EU를 존속하고 결속하기 위해 분투하고 있습니다. 이렇게 현대 유럽 속에 확실하게 정착한 독일은 점점 더 존재감을 드러내고 있습니다.

이 책에서 계속 얘기한 것처럼 독일에는 지방자치 및 지방적 관습과 전통이 아직 농후하게 남아 있습니다. 신성로마제국 시절부터 1871년 독일제국의 통일을 거쳐 현대까지 이어져 내려오는 이러한 경향은 지방정부인 주와 도시가 강한 권한을 가지는 '연방제'라는 정치 체제로 발현되고 있습니다.

동서가 통합을 이룬 현재 독일은 16개 주로 이루어져 있습니다. 각 주는 중앙정부와 역할을 분담하면서 교육과 문화 정책을 독자적인 방침에 따라 실시하고, 그 밖에도 재정과 경찰, 기타 분야에서 숱한 역할을 맡고 있습니다. 주의 권한과 책임의 소정, 연대와 협력을 위한 분데스라트Bundesrat(연방 참의원)에서는 각 주의 정부 대표가 모여 현안을 심의합니다.

EU는 경제적인 통합을 이루었지만, 정치적인 통합은 매우 초기단계에 머물러 있습니다. 그것이 앞으로 연방제처럼 될 수 있을지없을지 하는 문제는 분열의 고통을 감당해 온 독일이 그야말로 자신의 경험을 살릴 기회일지도 모릅니다. '제국인가 국민국가인가', '대독일주의인가 소독일주의인가', 게다가 중세까지 더듬어 올라가면 소국 분립에 이르기까지 분열의 역사를 살아온 독일이 오늘날에는 유럽을 책임지는 '중심'이 되었으니까요.

독일의 연방제가 민족주의 시대에는 감점 요인이었는지 몰라도 EU를 두고 볼 때는 오히려 각광받을 만한 것 아닐까요? 국가 간 경계가 희미해지는 오늘날, 주들을 잇는 관계망을 만들어 그것을 유럽 전체로 확대해 가는 것이 EU의 그림이 되지 않을까 합니다.

독일, 독일인

순풍에 돛 단 듯 보이는 독일에도 물론 문제가 없다고 할 수는 없습니다. 서독 시대부터 통일 이후에 이르기까지 독일은 유럽 국가들을 향해 과거에 자신들이 저지른 잘못에 대해 꾸준히 사죄하고, 역사를 직시하며 '과거를 극복하기 위해' 노력해 왔습니다. 그러나 독일의 잘못을 상대화하고 왜곡하려는 위태위태한 학문적 움직임도 있었고, 외국인 배척 운동도 일어났습니다.

현재 약 8,200만 명의 독일 인구 가운데 20퍼센트 정도가 이민자 출신이라고 합니다. 특히 통일 무렵부터 동구에서 들어오는 독일계 귀환 주민이나 신변 보호 요청인이 많아졌습니다. 2005년에 처음으로 새 이민법을 시행하기까지 독일은 스스로를 '이민 수입국'으로 인정하지 않았습니다. 1999년에 성립하여 2000년에 발효한 개정 국적법은 혈통주의를 완화하고 출생지주의를 일부만 채택했음에도 줄곧 혈통주의를 굳게 지켜 온 것은 법적으로나 심리적으로나 이민을 받아들일 체제가 정비되지 않았다는 것을 말해 줍니다.

터키, 이탈리아, 폴란드, 그리스, 크로아티아, 세르비아, 러시아 등지에서 외국인 노동자와 그 가족들이 계속해서 몰려왔습니다. 그러나 최근까지 혈통주의를 택한 탓에 독일에 거주하는 외국인은 아무리 세대가 바뀌어도 독일에서 태어났다는 사실로는 국적을 부여받지 못했습니다. 거꾸로 국외에 있는 데다 국적도 없는 사람이라도 혈통, 언어, 교육, 문화 등의 기준에 따라 독일성이 확인되면 독일인으로 인정받을 수 있었습니다.

국적법이 개정되고 2005년에 새 이민법이 발효되면서 독일에 귀화하는 이민자가 대폭 늘어났고 법적인 차별도 줄었습니다. 하지만 '독일인이 된다는 것은 독일 민족에 귀속된다는 뜻이므로 외국인은 문화적인 의미에서 결코 독일인이 될 수 없다'는 민족관이 일상생활에서 체감할 정도로 계속 작동하는 한, 진정으로 이민자를 받아들이는 것이라고 할 수 없겠지요.

요컨대 오늘날의 독일은 '자연적이고 역사적인 독일 민족'을 부정해야 하는 상황입니다. 그러나 이제까지 살펴본 기나긴 전통을 생각할 때, 그렇게 간단한 문제는 아닐 겁니다. 일본의 재일 외국인이나 이민자 수용을 둘러싼 상황도 이와 크게 다르지 않겠지요.

그런데 최근 독일이 시리아 난민을 적극적으로 받아들이는 자세를 보면(2015), 이런 예상이 틀릴지도 모른다는 생각도 듭니다. 어느새 모범적인 '이민 수입국'이 된 독일을 목격하는 날이 올지도 모르겠습니다.

늦게 온 국민

그러면 독일의 역사적 본질이란 무엇일까요? 독일적인 국가란 어떤 국가일까요? '숲과 산과 강'으로 독일사를 살펴본 책 내용을 정리할 겸 생각해 봅시다.

10세기부터 19세기까지 1,000년에 이르는 긴 시간 동안 독일(지역)에는 휘황찬란하게 권위를 떨치던 '제국'이 있었습니다. 하지만 독일의 유대계 사회학자인 헬무트 플레스너Helmuth Plessner (1892~1985)의 표현대로, 그것은 지방분권 및 국민국가의 결여와 동전의 양면을 이루었습니다.

그리스·로마와 기독교 사상의 합체인 정치적 휴머니즘은 17세기 서구의 국가들을 강화했고, 그 후 서구 열강은 제국주의적으로 세계를 분할하기에 이르렀습니다. 하지만 같은 시대 독일에서는 오히려 제국이 쇠퇴했습니다. 각 영방은 호황 속에 재빨리 공업화를 이루었지만, 시민 계층의 발전이 뒤떨어져 국민을 통합하는 힘이 약했습니다.

정치적으로도 계몽주의와 인문주의는 힘이 약했고, 가톨릭이 패배해 기존의 역사관이 퇴색하자 정신적인 타격을 입은 독일인은 역사적으로 자신을 파악하는 힘을 잃고 말았습니다. 제국은 독일인의 회상 속에 있을 뿐 실체는 존재하지 않았습니다. 다른 한편, 국민국가를 실현할 수 있을 만큼 독일인은 성숙하지도 않았습니다.

독일은 1871년이 되어서야 뒤늦게 통일국가를 이루었고, 바다와 맞닿은 북쪽은 일단 제쳐 두더라도 그때까지 동쪽, 서쪽, 남쪽에 확고한 국경선조차 그어지지 않았습니다. 뿐만 아니라 파리나 런던 같은 국가의 중심 도시조차 없었습니다.

이탈리아는 독일제국의 일부였고, 다른 시기에는 오스트리아, 헝가리, 스위스, 네덜란드까지 독일의 일부였습니다. 합스부르크 제국 시대에는 스페인까지 포함했지요. 국경이 불안정하고 영토가 계속해서 늘었다 줄었다 하는 것은 다양한 부족과 민족이 그곳에서 교류하거나 섞여 산다는 뜻입니다. 나아가 그곳은 이웃한 국가 간의 분쟁을 유발하는 지역이라는 뜻이기도 합니다.

19세기 통일 운동 때는 대독일파와 소독일파가 대립했습니다. 대독일파는 번영한 제국의 명칭을 유지하기 위해 빈을 중심지로 삼고 베를린은 포기해야 했습니다. 게다가 근세 이후 독일의 정신적 뼈대를 이룬 루터의 정신을 살릴 수 없었습니다. 한편, 소독일파는 가톨릭 문화의 전통을 계승하지 못하고 신성로마제국을 향한 향수의 핵심인 빈을 포기해야 했지요.

만약 독일 민족이 대독일주의나 소독일주의가 아니라 '민족 자결주의'에 기초해 하나의 국가를 건설한다면, 다른 나라(폴란드, 오스트리아, 스위스, 프랑스)를 파괴해 버립니다. 이리하여 어느 쪽도 충분한 해결책이 되지 못하는 상황에서 결국 소독일주의에 입각해 프로이센을 축으로 독일의 통일이 이루어졌습니다.

뒤늦음의 창조성

"우리 독일인은 지각한 사람이다. 국민으로서는 역사적인 지체를 만회할 수 없다. 하지만 이 뒤늦음은 단지 불리한 운명을 의미하지는 않는다. 외적인 무능이 늘 그러하듯이 이 뒤늦음은 창조적인 가능성이며 내적인 능력에 호소하는 무엇이다."(『뒤늦게 온 국민』*Die verspätete Nation*, 1959) 헬무트 플레스너가 말하는 '지각', '지체', '뒤늦음'은 독일 근대 예술의 편향성에서도 잘 나타납니다. 독일에서는 근대적인 소설이 발달하지 못했다고 앞에서 말했습니다. 그렇기 때문에 오히려 언어와 형상이 없는 음악이 독일인에게 어울리는 표현으로 발전할 수 있었습니다.

나아가 프로테스탄트의 문화 이념이 강하게 작용한 독일에서는 말로 쉽게 표현할 수 없는 것들을 고독과 깊이로 표현하도록 했습니다. 다시 말해 독일인은 '깊이'가 없는 문화를 생각할 수 없기 때문에 독일 문화의 정수는 철학과 음악이 된 것입니다.

독일의 지식인은 세계관의 깊이에 개인의 존재를 걸었습니다. 이 점은 개인주의, 표층의 논리, 대화를 중시하는 프랑스나 영국 또는 미국과 매우 상이합니다. 독일의 철학자 프리드리히 셸링은 "나는 존 로크*를 경멸한다"고 말했습니다. 니체도 이 말에 공감했다고 합니다. 독일 정신만큼 존 로크와 어울리지 않는 정신은 없겠지요.

---

* 　John Locke(1632~1704). 영국의 철학자이자 정치 사상가로 계몽주의와 경험론을 주창했다.

그러나 제2차 세계대전 이후로는 이러한 가치관도 변했습니다. 미국을 동경하는 독일 젊은이들은 댄스홀에서 로큰롤 댄스를 추었습니다. 껌, 콜라, 티셔츠, 가죽점퍼, 청바지가 유행했고 엘비스 프레슬리와 비틀즈에 열광하는 사람도 대거 등장했습니다. 장벽이 무너진 베를린에서 댄스음악인 '테크노'(발상지는 미국 디트로이트)가 울려 퍼졌고 클럽 문화가 도시를 휩쓸었습니다. 이는 독일 정신이 눈에 띄게 달라진 증거일 것입니다.

자연이 만든 독일

독일인 고유의 '깊이' 있는 문화는 오랜 '역사'를 통해 길러 온 것이지만, 이것과 뗄 수 없는 관계에 있으면서 문화 창조의 버팀목이 되어 온 것이 바로 '자연'입니다. 이때 '자연'은 한편으로 이념과 사상으로서 독일 정신에 영향을 미쳤습니다. 다른 한편으로 이념과 사상의 배후에는 현실의 숲과 산과 강, 대지와 광물과 온천과 녹지 등 자연의 여러 양상 및 국면과 깊고 친밀하게 교감한 활동이 있었습니다. 이념적으로도, 구체적인 대상물과의 접촉을 통해서도 자연과의 교감을 추구한다는 점이 독일적입니다.

이는 화조풍월花鳥風月을 사랑하는 일본인의 담담하고 풍아한 감성과 다릅니다. 똑같이 '자연'을 사랑하고 숭배한다고 해도, 독일의 경우는 행동적이고 육체적이며 깊이 파고드는 동시에 높이 비상합니다.

구체적인 자연이란 숲이고 산이고 강입니다. 이 전부를 통틀어 '대지'라고 부를 수 있을지도 모릅니다. 근대 이전에 자연은 미적인 감상의 대상이 아니라 두려운 힘이 깃들어 있는 정체 모를 존재였습니다. 그러나 독일인은 아무리 가혹하다 할지라도 자연을 상대하고 길들여 이용해야 한다고 생각했고, 신체적으로나 영적으로나 자연과 전면적으로 교섭했습니다.

이러한 정신에 따라 초기 중세부터 숲과 강을 활발하게 이용했습니다. 같은 맥락에서 근세 이후에는 광산 개발을 중심으로 산도 열심히 활용했습니다. 이를 통해 각지의 도시와 영방이 경제적·사회적으로 발전했다는 사실은 말할 것도 없습니다.

이러한 태도는 우선 게르만 신화를 비롯해 요정이나 야인에 관한 민간전승을 낳았으며, 나아가 대지, 광물, 식물을 둘러싼 연금술적이고 자연학적인 사상을 빚어냈습니다.

근대에 들어와서는 교양 시민층의 결여와 복음주의 신앙의 속박으로 계몽주의가 충분히 침투하지 못한 대신에 낭만주의가 활발하게 피어났습니다. 이로 인해 독일 특유의 미적인 자연관이 배양되었습니다. 내면성, 근원성, 전투적 열광, 심오한 사색, 이런 것이 점점 더 독일인의 성격과 연관을 맺어 갔습니다. 거기에는 항상 숲, 산, 강 같은 자연의 매개물이 있었습니다. 더구나 자연은 민족의 환상과 결합함으로써 지리적으로나 역사적으로 정의할 수 없는 독일 민족을 정의할 수 있도록 도왔습니다.

독일의 현실적인 '통일'은 프로이센이 이루어 냈지만, 그것은 오랜 역사 같은 것이 전혀 없는 동방의 변경, 엘베강과 그 동쪽에 있는 미개의 땅, 즉 '식민지'에 근대 독일의 정치적 가능성이 있었다는 것을 의미합니다. 한마디로 독일(인)은 미개의 '자연'을 지렛대로 삼아 통합될 수밖에 없었던 것입니다.

자연에 기댄 민족주의

독일인은 2,000년 가까이 구체적인 자연을 활용함으로써 생활을 유지했을 뿐 아니라 정신적으로나 신체적으로나 자연과 심오하게 교류해 왔습니다. 이 일이 공중에 매달려 있는 듯한 정치적 불안과 불확정성으로부터 그들을 구원했고, 안정감과 자부심, 명예 같은 감각까지 부여했습니다.

파리나 런던 같은 중심지도 없고 근거로 삼을 만한 그리스·로마의 전통이나 기독교 전통도 없습니다. 나아가 수많은 영방으로 쪼개져 살아가는 독일인이 자신의 정착지라고 인정하는 것은 불명료하지만 근원적인 자연과 풍경이며 생명과 에로스가 약동하는, 개체인 인간과 인간 영혼이 매우 작은 일부를 구성하는 유기체적 세계, 즉 자연 세계였습니다.

그러므로 19세기 독일에서 민족주의가 들끓어 올랐을 때, 근원이라든가 자연, 고향이나 조국, 혈연이나 지연 등 감정이 흘러넘치는 연대를 외치는 프로파간다가 펼쳐졌습니다. 실로 끈끈한 민족주의입니다. 그 밑바탕에는 독일인에게 '자연'이야말로 '고향'이며,

자연과 동떨어져서는 독일인이 독일인으로서 존재할 수 없다는 생각이 깔려 있습니다.

당시의 사상가들은 이렇게 독특한 자연관을 깊이 고찰했습니다. 그들은 '자연'과 '언어'가 밀접한 연관이 있다며 이렇게 주장했습니다. "독일인의 선조는 다른 게르만 민족과는 달리 원原민족의 거주지에 줄곧 거하며 원래의 언어를 그대로 유지했다. 따라서 오직 독일 민족만 근원과 이어져 있으며, 그 근원에서 고유문화가 자라난다." '언어'야말로 한 '민족'의 기초를 이루며, 그것이 흡사 동식물처럼 분화하고 성장해 간다고 파악하는 것입니다. 독일인의 언어는 자연의 근원성과 이어져 있는 반면, 다른 민족은 외부의 언어에 동화하거나 옛 땅에서 다른 땅으로 옮겨 다니는 동안 변질된 채로 멈춰 버렸다고 해석하는 것입니다. 이런 사고로부터 '독일어를 구사하는 모든 지역은 독일로 통일되어야 한다'는 논리가 나옵니다. 나치 독일은 이러한 독일 민족 중심주의가 순혈주의나 세계주의와 결합하면 얼마나 무시무시한 결과를 낳는지를 적나라하게 보여 주었습니다.

위로 더 위로

자연과 언어를 민족 또는 국민의 근원으로 여기는 사고방식은 정치적 입장이 어떠하든 모든 독일인이 무리 없이 받아들일 수 있다는 장점이 있었습니다. 인간의 내면과 자연이 서로를 보완하고 정치적인 분열을 극복함으로써 조국애를 품도록 하기 때문입니다. 그것은 단순히 향토애를 수평적으로 확장하는 것이 아닙니다. 친근한 자연에 애착을 품고 자연과 하나가 되는 감정(향토애)은 도리어 사람들을 지역주의에 가두어 버리기 때문에 민족과 국민의 통합으로 나아가지 못합니다.

그렇기에 또 다른 한 가지, 즉 초월적인 요소가 필요해집니다. 수평이 아니라 수직 방향의 요소입니다. 기후가 따뜻하고 토지가 비옥한 남방 유럽과 달리 혹독한 자연과 대치하고 있고, 지중해나 대서양을 끼고 있지 않은 탓에 넓디넓은 바다를 통해 다른 세계나 외부인과 접촉하기 어렵다는 조건이 저절로 내면을 파고드는 문화를 형성했겠지요. 그러나 독일인에게 자연은 하늘로 날아오를 수 있는 초월, 숭고, 비상 같은 이념과도 불가분의 관계를 맺고 있습니다.

이를테면 중세 독일에서는 첨탑을 자랑하는 고딕 성당을 많이 건설했는데(쾰른 대성당, 울름 대성당, 슈파이어 대성당, 슈트라스부르크 대성당 등) 그것이 일종의 '숲'을 상징한다는 설이 있습니다. 내부의 원기둥, 각기둥과 그 앞에 뻗어 있는 리브rib*는 나무와 나뭇가지이고, 외부에 보이는 소첨탑들은 침엽수림이 빽빽하게 자라는 모습을 나타낸다고 합니다.

이러한 해석도 가능하겠지만, 독일에서 수직으로 뻗은 뾰족한 성당을 즐겨 지은 까닭은 이런 게 아닐까 합니다. 사방이 시벽市壁

---

* 주로 고딕 건축에서 보강 또는 장식을 위해 사용하는 갈빗대 모양의 뼈대 구조.

- 카를 프리드리히 싱켈의 「강변의 중세 도시」(Mittelalterliche Stadt an einem Fluss, 1815)에 그려진 독일의 대성당

으로 둘러싸여 있기 때문에 도시 공간을 수평으로 확장할 수 없음에도 좁은 곳에 마냥 움츠리고만 있고 싶지 않은 독일인의 의식이 고딕 건축에 반영된 것이지요. 높은 곳을 우러르며 비상하고 싶다는 바람은 자연에 대한 독특한 숭배와 더불어 중세 이후 독일과 독일인의 역사를 강하게 규정해 왔습니다. 하늘을 향해 힘차게 돌진하는 초월에 대한 염원이라고 할까요?

또 하나, 18세기 이후의 산악 숭배에 대해서도 이미 이야기했지만, 높은 산에 대한 동경을 명확하게 언급한 철학자가 있습니다. 바로 프리드리히 니체(1844~1900)입니다. 니체는 가끔 스스로를 등산가에 비유했습니다. 『차라투스트라는 이렇게 말했다』(1885) 3부 '귀향' 장에는 이런 구절이 있습니다. "수렁을 마구 휘저어서는 안 된다. 사람은 산 위에 살아야 한다. 나는 축복받은 콧구멍으로 다시 한번 산의 자유를 호흡한다! 결국 내 코는 온갖 인간 존재의 냄새로부터 해방되는 것이다!" 산악이야말로 세속을 떠난 초인의 거처로 어울린다든지, 산꼭대기는 신들의 거처라서 신들이 그곳에서 내려온다는 전통적인, 즉 게르만적인 종교 감정과도 통하는 사고방식입니다.

'높이'에 대한 이러한 동경은 당시 독일의 국가 형태에도 영향을 주었을지 모릅니다. 나폴레옹 정도를 제외하면 프랑스와 영국은 '제국'과 '황제'라는 지고의 권위를 손에 넣지 못했지만, 독일은 오토 대제로부터 100년 가까이 '제국'과 '황제'를 모셔 왔으니까요.

권위와 높은 산에 대한 세속적인 동경은 히틀러의 국가사회주의와도 연결됩니다. 히틀러는 바이에른주 베르히테스가덴에 있는 산속 오두막에 지내면서 그를 찾아 산을 올라오는 '신자'를 등산복 차림으로 맞이했습니다. 또한 레니 리펜슈탈Leni Riefenstahl 감독의 나치 전당대회 기록영화를 보면, 히틀러는 항공기를 타고 대중이 그를 기다리는 곳으로 내려왔습니다. 더욱이 히틀러는 아이거 북벽北壁 등반가나 히말라야산맥의 낭가파르바트산에서 사망한 탐험대원에도 관심을 기울였던 듯합니다. 자신과 나치에 관한 신화를 강화해 줄 것으로 기대했기 때문이 아닐까요?

질서 정연한 자연

독일은 자주 철학의 나라 또는 음악의 나라로 불립니다. 독일 철학의 특징으로 자주 언급되는 것이 전체적으로 현실과 경험이라는 개념을 통일적으로 파악하고 장대한 체계를 만들어 내려고 한다는 점입니다. 그것은 특히 게오르크 헤겔(1770~1831)에 이르러 실현되었다고 봅니다. 또한 베토벤 교향곡 등으로 대표되는 독일 음악은 질서를 잡고 체계를 구축해 가는 구성을 선호했습니다. '자연'을 대하는 태도에서도 이렇게 질서를 추구하는 경향이 종종 엿보입니다.

게르만 시대에는 질서와 평화가 지배하는 마을을 인간과 인간에게 길든 가축의 영역(가정, 경작지)인 마이크로코스모스microcosmos(소우주)라고 하고, 그 외부의 혼돈스러운 자연 세계(숲, 황야, 산, 바다)를 야수와 요망한 마귀가 사는 매크로코스모스macrocosmos(대우주)라고 함으로써 양자를 확연하게 구별했습니다. 이후 중세 사회에서도 이런 생각은 지속되었습니다. 마을과 동네를 벽으로 둘러싸고, 그 안에서만 법과 정의에 의해 안심할 수 있고 질서 잡힌 생활을 영위할 수 있다고 믿었습니다.

질서와 무질서의 구별은 이윽고 무질서한 자연 세계에 질서를 부여하려는 충동을 불러일으킵니다. 중세에는 삼림의 벌채와 식수, 개척, 관개 등에서 이러한 경향이 잘 드러납니다. 근대에는 자연을 더 한층 정복하려고 하지요. 이미 5장에서 살펴보았듯, 18세기 후반부터 19세기에 걸쳐 특히 삼림과 황야, 그리고 강, 호수, 늪 같은 수역을 개조하는 공사를 활발하게 추진했던 것입니다.

클라인가르텐이 크게 유행할 당시에도 자그마한 원예 용지조차 구획을 가지런히 하고 그곳의 건축물(문, 울타리, 집회소, 정자 등)도 질서 있게 만들어 도시 안의 녹음을 아름답게 조성했습니다. 알다시피 이러한 활동들이 나치 시대에 자연 보호 운동이나 관련 법을 제정하는 움직임과 결합했지요.

요컨대 독일인은 자연에 대해 때때로 소용돌이치는 심연을 들여다보듯, 또는 손이 닿지 않는 높은 산을 올려다보듯, 쉽사리 다가가지 않은 채 두려움을 품고 우러러보는 경향이 확실히 있습니다. 하지만 옛날부터 손이 닿는 친근한 자연에는 품을 들여 모양이 나도록 꾸미고 편리하게 개조하려는 태도가 두드러졌습니다. 불안정한 사회와 정체성의 동요로 인한 불안을 잠재우기 위해 가까이 있는 자연을 철저하게 가공하고 통제하며 분류하고 질서화하려는 마음이 있었겠지요.

자연에 대한 이러한 태도는 현대 독일인의 성격에도 반영되어 있습니다. 독일인의 성격으로 근면, 검약, 질서와 규율 준수, 청결, 완벽주의 등을 거론하는데, 실제로 대다수 독일인은 가정과 사무실의 정리정돈과 청결에 무척 신경을 씁니다. 또한 그들은 여러 분야의 조직에 대해서도 전체적인 관리와 통합을 철저하게 추구하는 경향이 있습니다.

환경 선진국으로

마지막으로 현대 독일의 환경 대책을 살펴봅시다. 서독에서는 루르 공업지대의 대기오염 등에 대처하기 위해서 1960년대 말 이래 본격적으로 에콜로지 정책을 추진해 왔습니다. 사회민주당 출신인 빌리 브란트Willy Brandt(1913~1992) 수상은 '환경 보호 계획'을 제출하고 대기, 토양, 수질, 동식물 등 생태계 보호를 추구했습니다. 1980년대부터는 쓰레기 감량 정책을 철저하게 시행하고, 1991년에는 '포장재법'*, 1994년에는 '순환경제및폐기물법'을 제정했습니다. 법에 따라 포장 및 용기 제조업과 유통업에 쓰레기 회수와 재활용 의무를 부과했고, 포장 간소화에 주의를 기울이려는 국민 의식이 확산되어 성과를 거두었습니다.

---

* 2019년부터 신포장재법을 도입할 예정이다.

자체적으로 에너지를 생산하고 절약하는 이른바 '에코하우스'가 각광을 받았고 정부도 이를 권장했습니다. 에코타운 건설 계획과 앞으로의 움직임이 궁금해집니다.

　환경과 관련해 특별히 주목해야 할 정치적 동향은 녹색당의 활동과 정치적 약진입니다. 녹색당은 1970년대 들어 환경오염과 백골림白骨林** 같은 문제가 표면으로 떠오르자 1979년에 창설한 정당입니다. 그들은 1980년대 전반에 과학기술의 진보에 의문을 품고 근원적인 가치관 전환을 제안하며 산업사회의 변혁을 요구했습니다.

　녹색당의 활동은 사회민주당이 원자력발전에 대해 재고하고 자연에너지를 추진하게끔 영향을 미쳤습니다. 1980년대 초반에 연방정당으로 등장한 녹색당은 경제 고도성장의 부정적 측면에 눈뜨기 시작한 사람들의 지지를 얻어 세력을 넓혔습니다. 녹색당은 각 주와 지방자치단체에 든든하게 뿌리내려 1998년부터 2005년까지 사회민주당과 함께 정권을 잡았고, 재활용 시스템 등 환경 정책을 더욱더 활발하게 추진했습니다.

　그러나 녹색당의 활동이 늘 순조로웠던 것은 아닙니다. 원자력발전 정책을 두고 루르 공업지대의 노동자들이 등을 돌리기도 했습니다. 1986년 봄에 일어난 체르노빌 원전 사고 이후, 원자력발전에 대한 불신이 깊어지고 녹색당의 지지율도 높아졌습니다. 그렇지만 원자력발전 폐지는 간단하지 않았습니다. 산업계, 특히 제조업계가

**　　산성비나 인위적 침해로 나무가 말라 죽어 마치 백골처럼 보이는 숲.

반발했고 독일 전력사업 연합회도 난색을 표한 까닭에 21세기에 들어와서도 탈원전 정책을 제대로 실행하지 못했습니다. 때로는 원자력발전을 연장하기로 하는 역전 현상이 벌어지기도 했습니다. 그래도 원자력발전을 반대하는 국민 여론이 강했고 시위 참가자들의 대대적인 압력도 작용했습니다. 결국은 후쿠시마 원전 사고(2011)를 계기로 앙겔라 메르켈Angela Merkel 총리가 이끄는 기독교민주연합 정권이 원전 폐지를 결정하면서 상황이 크게 달라졌습니다.

정치적인 환경 대책을 뒷받침하는 것은 생태계를 아끼고 자연을 사랑하는 국민 의식입니다. 양차 대전을 겪으면서도 클라인가르텐은 변함없이 사랑받았고, 주민 개개인이 도시의 숲을 지켜 내고자 노력했습니다. 1990년에는 통일과 더불어 동서독의 클라인가르텐 관련 조직을 통합해 거대한 '독일 클라인가르텐 동호인 연방 협회'를 결성했습니다. 현재는 1만 5,200개의 협회가 소속해 있고, 소속 회원들이 약 100만 구획의 뜰을 관리하고 있으며, 이용자 수는 거의 500만 명에 이른다고 합니다.

독일 국민은 식료품, 화장품, 비누, 세제 등 무엇이든 '유기농' organic을 추구합니다. 1970년대 말부터 되풀이된 식품 관련 스캔들도 이러한 분위기를 만든 원인입니다. 화학제품이 대지와 하천을 오염시키고 인간의 먹을 것과 마실 것에 침투한다는 사실, 농지에 화학비료와 살충제, 제초제를 뿌림으로써 대지의 자연적 성질이 훼손되고 농작물에 이상이 생긴다는 사실 등에 충격을 받고 솔선수범하여 '유기농'을 지향했던 것입니다.

- 수확 축제에 참가한 어린이들

2001년부터 연방식품농업소비자보호부의 후원을 받아 현재 독일에서는 자연식품이 대유행입니다. 그래서 전국적으로 4,000여 곳이 들어선 건강식품점 '레포름하우스'Reformhaus에서 엄격한 기준을 통과한 자연식품―및 천연 화장품, 자연약품―을 판매하고 있지요. 또한 독일의 대표적인 생활 화학제품 유통회사 데엠DM은 전국 각지에 천연 화장품이나 보디케어 제품을 갖춘 드러그스토어 체인점도 있다고 합니다. 독일인의 생태계 사랑, 유기농 사랑, 자연 보호에 대한 열정은 국가적이고 국민적인 운동으로서 세계에 모범이 되고 있습니다.

오늘날 독일은 대표적인 환경 선진국이자 EU라는 초국가적 공동체의 중심에 있습니다. 두 차례 세계대전을 거치면서 인권 존중

사상과 의회제 민주주의가 확고하게 뿌리내렸고 시민들도 이를 분명히 받아들이고 있습니다. 전쟁 당시 독일의 동맹국이었던 일본이 배워야 할 점이 많습니다. 민족과 자연을 변함없이 사랑하면서도 이성을 더욱 중시함으로써, 두 번 다시 비이성의 함정에 빠져 자연의 이름으로 인권을 침해하고 인간을 억압하는 일은 없어야 할 것입니다.

나오는 말

『파스타로 맛보는 후룩후룩 이탈리아 역사』와 『과자로 맛보는 와삭바삭 프랑스 역사』에서는 먹을거리를 매개로 이탈리아와 프랑스의 성립을 더듬어 보았기 때문에 독일도 그렇게 해 볼까 하는 생각이 없었던 것은 아닙니다. 그러나 감자와 소시지, 맥주로는 독일 역사의 아주 일부분만 도려내어 이야기할 수밖에 없다고 판단해 먹을거리로 이야기를 풀어 가는 것은 포기했습니다. 대상에 대한 무조건적인 애착과 손경 또는 감동이 없으면—물론 잘못된 정치나 박해에 대해 다룰 때에도 그로 인해 고통 받은 민중을 생각하는 마음이 없으면—역사를 제대로 그려 낼 수 없다고 생각합니다. 내게는 이탈리아의 파스타나 프랑스의 과자만큼 독일의 먹을거리에 한없는 애착이 없다는 것을 고백해야겠습니다.

그래서 이런저런 생각을 거듭한 끝에 착상을 얻은 것이 '자연'이었습니다. 특히 '숲과 산과 강'입니다. 독일에서는 문학은 물론 음악이나 그림에서도 자연 묘사가 아주 중요합니다. 더구나 그것은 단순한 취미의 문제가 아니라 신체와 영혼 모두와 심오한 관계가 있습니다. 예술적 표현으로 나타난 자연, 사상가의 중심 관념으로 자리 잡은 자연이 전부가 아닙니다. 독일인만큼 실제 자연을 바라보거나 자연 속에 있는 것을 좋아하고, 자연 가꾸기를 즐기는 국민도 드물 것입니다.

독일(인)은 고대 게르만 시대부터 현대까지 정신적인 의미의 자연과 물리적인 의미의 자연의 어우러짐 속에서 2,000년 역사를 걸어왔습니다. 그래서 나는 자연과 독일 역사의 깊은 연관성을 풀어내고 제대로 그려 내자는 생각으로 이 책을 집필했습니다. 과연 얼마나 성공했을까요?

이 책에 드러난 관점과 이해에 관한 책임은 물론 내게 있지만, 집필을 위해 독일 책과 영문 책, 일본어 문헌 등을 참고했습니다. 참고한 책 전부를 열거할 수는 없지만, 특히 자연에 관한 것하고 독일인론 가운데 흥미로운 몇 가지를 뒤쪽에 적어 두겠습니다.

이 책은 『파스타로 맛보는 후룩후룩 이탈리아 역사』와 『과자로 맛보는 와삭바삭 프랑스 역사』를 참고해 구상했습니다. 이와나미 출판사 편집부의 아사쿠라 레이코 씨와 함께 작업했는데, 그녀가 출산휴가를 떠나는 바람에 편집 작업은 시오타 하루카 씨가 이어받았습니다. 시오타 씨는 지도 작성과 도판 선택을 비롯해 청소년들도 읽기 좋게 문장을 다듬는 일을 도와주었고, 여러 문제점을 지적해 주었습니다. 성가시고 까다로운 일을 맡아 주어 감사드립니다.

또한 니가타대학 교육학부 준교수인 고바야시 시게코 씨는 원고를 통독해 주었을 뿐 아니라 독일사의 전문용어를 엄밀하게 검토하고 고유명사의 일본어 표기에 대해서도 조언해 주었습니다. 그녀에게도 감사드립니다.

'맛있는' 생각으로 읽어 나갈 수는 없지만, 웅대하고 역동적이며 깊은 맛이 있는 자연의 모습을 바라보면서 독일 역사의 참맛을 맛보기를 바랍니다.

2015년 10월

이케가미 슌이치

Debus, Allen G. 川崎勝・大谷卓史訳.『近代錬金術の歴史』. 平凡社, 1999.

(Debus, Allen G. *The Chemical Philosophy. Paracelsian Science and Medicine in the Sixteenth and Seventeenth Centuries*. Science History Publications, 1977.)

Elias, Norbert. Michael Schröter(ed.). 青木隆嘉訳.『ドイツ人論 — 文明化と暴力』. 法政大学出版局, 1996.

(Elias, Norbert. Michael Schröter(ed.). *Studien über die Deutschen: Machtkämpfe und Habitusentwicklung im 19. und 20. Jahrhundert*. Suhrkamp, 1989.)

Hasel, Karl. 山縣光晶訳.『森が語るドイツの歴史』. 築地書館, 1996.

(Hasel, Karl. *Forstgeschichte. ein Grundriß für Studium und Praxis*. Verlag Paul Parey, 1985.)

Kiesewetter, Hubert. 高橋秀行・桜井健吾訳.『ドイツ産業革命 — 成長原動力としての地域』. 晃洋書房, 2006.

(Kiesewetter, Hubert. *Industrielle Revolution in Deutschland: Regionen als Wachstumsmotoren*. Franz Steiner Verlag, 2004.)

Plessner, Helmuth. 土屋洋二訳.『遅れてきた国民 — ドイツ・ナショナリズムの精神史』. 名古屋大学出版会, 1991.

(Plessner, Helmuth. *Die verspätete Nation. über die politische Verführbarkeit bürgerlichen Geistes*. W. Kohlhammer Verlag, 1959.)

魚住昌良.『ドイツの古都と古城』. 山川出版社, 1991.

大野寿子.『黒い森のグリム』. 郁文堂, 2010.

小塩節.『ライン河の文化史—ドイツの父なる河』. 講談社学術文庫, 1991.

小野清美.『アウトバーンとナチズム—景観エコロジーの誕生』. ミネルバ書房, 2013.

岸修司.『ドイツ林業と日本の森林』. 築地書館, 2012.

小林敏明.『風景の無意識 — C. D. フリードリッヒ論』. 作品社, 2014.

成城大学文芸学部ヨーロッパ文化学科 編.『ヨーロッパと自然(シリーズ・ヨーロッパの文化①)』. 成城大学文芸学部, 2014.

野島利彰.『狩猟の文化 — ドイツ語圏を中心として』. 春風社, 2010.

藤原辰史.『ナチスのキッチン —「食べること」の環境史』. 水声社, 2012.

穂鷹知美.『都市と緑 — 近代ドイツの緑化文化』. 山川出版社, 2004.

吉田孝夫.『山と妖怪 — ドイツ山岳伝説考』. 八坂書房, 2014.

吉田寛.『〈音樂の国〉の系譜学』全三巻. 青弓社, 2013〜2015.

독일 연대표

BC 1000년경~ BC 500년경	게르만족이 스칸디나비아반도 남부에서 이동하기 시작해 북독일에 거주
BC 113~AD 439	게르만과 로마 간 전투가 되풀이됨
9	**토이토부르크 숲 전투에서 로마군이 게르만 연합군에 패배**
90~160년경	**로마, 라인강과 도나우강 사이에 리메스 게르마니쿠스 건설**
98년경	**타키투스 『게르마니아』에서 '숲의 민족'인 게르만족에 대해 기술**
375	서고트족이 로마제국령에 침입하면서 게르만족의 대이동 시작
476	서로마제국 멸망
481	클로비스가 프랑크 왕에 즉위해 메로빙거 왕조 시작(~751)
719	보니파티우스가 독일에서 기독교 전파 시작, **헤센 지역 2차 선교(723~725) 중에 게르만족이 신성시하던 떡갈나무를 베어 쓰러뜨림**
751	피핀 3세가 프랑크 왕으로 즉위해 카롤링거 왕조 시작(~987)
800	카를 대제, 교황으로부터 황제 대관
9세기경~	**역사 자료에 숲이 특권적 사냥 장소로 빈번하게 등장, 사냥이 귀족적 활동으로 자리 잡음**
804	카를 대제가 작센족을 정복
843	베르됭조약에 의해 프랑크왕국이 셋으로 분할
870	메르센조약에 의해 로트링겐이 동서로 나뉘고, 현재 프랑스, 독일, 이탈리아의 원형이 성립
11~12세기	**라인강을 비롯한 큰 강의 강변에 도시가 속속 들어섬**

11~13세기	**알프스 산길 대부분에 숙박 시설이 생김**
1075	교황 그레고리우스 7세와 황제 하인리히 4세 사이에 서임권 투쟁 시작(~1122)
1150~1160	**힐데가르트 폰 빙엔이 『자연학』 및 『병의 원인과 치료』를 집필하고 '비리디타스' 사상을 설파**
12세기 중반~	**동방식민이 활발해짐**
1152	프리드리히 1세 바르바로사를 황제(국왕)로 선출
1226	독일기사단의 프로이센 영유 인정
1254	대공위 시대(~1273)
14~16세기	**독일 광산업의 비약적 발전**
1347	페스트 대유행(~1350)
1356	카를 4세, 금인칙서 발포
1440년경	구테베르크가 활판 인쇄술 발명
1517	루터 '95개조 반박문' 발표, 종교개혁 시작
1524~1525	독일농민전쟁
1525	**농민의 요구 '12개조'에서 삼림에 대한 권리를 주장**
1555	아우크스부르크화의
1556	**아그리콜라 『금속에 관하여』 사후 발간**
1570~1640	마녀 박해 절정
1618~1648	30년전쟁
1656~1661	**홀라우버르 『독일의 번영』 간행**
17세기 말~18세기	**남벌한 숲 복원 계획 논의**

1701	프로이센공국이 왕국으로 승격(~1918)
1740	프로이센에서 프리드리히 2세 즉위(~1786), 오스트리아에서는 마리아 테레지아가 즉위(~1780)
1756	**프리드리히 2세 '감자령' 선포**
1756~1763	7년전쟁
1784~1791	J. G. 헤르더의 대표 저서 『인류의 역사철학을 위한 이념』*Ideen zur Philosophie der Geschichte der Menschheit* 간행
1785~1823	**괴테, 온천 여행 즐김**
18세기 말~ 19세기 전반	**독일 낭만주의 문학에서 숲, 산, 광산, 동굴 등을 중요한 소재로 다룸**
1806	라인연방이 제국에서 탈퇴하고 신성로마제국 해체
1814~1815	빈회의
1816	그림 형제가 자연에 관한 많은 전설을 비롯해 여러 전설들을 모아 『독일 전설집』 편찬
1824	하인리히 하이네 「로렐라이」 발표
1834	독일 관세동맹 결성
1835	독일 최초의 철도 개통(뉘른베르크 ↔ 퓌르트)
1840년대~20세기초	**하천 예항업의 근대화, 활성화**
1848	프랑크푸르트 국민회의 개최
19세기 중반~	공업화 급속히 진전
1854~1865	**알프스 등산의 황금기**
1850~20세기초	**석탄과 철광이 풍부한 루르 공업지대에서 철강업이 대대적으로 발전**
1862	비스마르크, 프로이센 수상 겸 외상으로 취임(~1890)

1866	프로이센·오스트리아전쟁
1867	프로이센을 맹주로 삼은 북독일연방(~1871)과 오스트리아-헝가리제국 성립(~1918)
1869	**독일 산악회 설립**
1870년대~	**클라인가르텐 활성화**
1870~1871	프로이센·프랑스전쟁
1871	독일제국이 성립하고, 빌헬름 1세가 황제로 등극
1874	**바그너, 게르만 전설을 바탕으로 「니벨룽의 반지」 작곡**
1901	**정식으로 반더포겔 조직**
1904	**향토보호연맹 성립**
1914	제1차 세계대전 발발(~1918)
1919	바이마르헌법 제정, 바이마르공화국 탄생
1929	대공황 시작(~1933)
1933	힌덴부르크 대통령이 히틀러를 수상으로 임명
1933	**아우토반 건설 시작**
1933~1935	**나치스, 자연 및 동물 보호에 관한 법률 제정**
1939	독일군이 폴란드를 침공해 제2차 세계대전 발발(~1945)
1949	서독 11개 주의 주의회 평의회에서 기본법을 가결하여 독일연방공화국 성립(5월), 동독도 새 헌법을 발포하며 독일민주공화국 성립(10월)
1955	서독, 주권을 회복하고 NATO(북대서양조약기구)에 가입
1967	EC(유럽공동체) 탄생

1980	**서독, 녹색당이 연방 정당으로 창당**
1990	동서 독일의 통일(10월 3일)
1991	**'포장재법' 제정**
1993	마스트리히트조약에 의해 EU(유럽연합) 출범
2002	EU 단일 통화인 '유로' 도입
2011	**메르켈 정권, 원자력발전 폐지를 결정**